ANALYSE DES BESOINS

Éditions d'Organisation
Groupe Eyrolles
61, bd Saint-Germain
75240 Paris Cedex 05

www.editions-organisation.com
www.editions-eyrolles.com

Du même auteur, chez le même éditeur

Le kit du chef de projet, 3e édition, 2007.
Le conduite de projet, 3e édition, à paraître en juillet 2008.

La Gestion de projet par étapes
Analyse technique et réalisation, 2007. 2e étape.
Tests et mise en service, 2008. 3e étape.
Gestion d'un portefeuille de projets, à paraître fin 2008. 4e étape.

Hugues MARCHAT

LA GESTION DE PROJET PAR ÉTAPES

ANALYSE DES BESOINS

1re étape

Deuxième édition

EYROLLES

Éditions d'Organisation

Avant-propos

Les fichiers des modèles de documents prêts à l'emploi et des modèles renseignés peuvent être téléchargés depuis le site www.editions-organisation.com. Pour cela, tapez le code G54144 dans le champ <Recherche> de la page d'accueil du site, puis appuyez sur <entrée>. Vous accéderez ainsi à la fiche de l'ouvrage sur laquelle se trouve un lien vers le fichier à télécharger. Une fois ce fichier téléchargé sur votre poste de travail, il vous suffit de le décompresser.

Téléchargez les fichiers des modèles de documents depuis www.editions-organisation.com

Cet ouvrage a fait l'objet d'un reconditionnement
à l'occasion de sa 2e édition.
Le texte reste inchangé par rapport
à l'édition précédente.

À ma fille, Alizée

Remerciements

Je tenais tout d'abord à remercier tout particulièrement Marie-France PHU pour son aide précieuse dans la fabrication des modèles de documents et des outils de ce livre. Je collabore depuis plusieurs années avec cette consultante de haut niveau, sur des missions de conseil. Son dévouement, son écoute et son esprit de synthèse sont remarquables.

Je remercie tous ceux qui au cours des 12 dernières années m'ont accompagné dans l'animation des formations mais aussi dans la réalisation des missions de conseil autour de ce sujet.

L'analyse des besoins est une phase essentielle dans un projet. Elle est malheureusement souvent sacrifiée sur l'autel de la rapidité, de la soi-disant efficacité qui tient plus de « l'excitation » que d'une réelle efficience.

Comment peut-on satisfaire un besoin si on'a pas réfléchi à la manière de le couvrir ? L'analyse de besoin est un travail de fourmi, d'exhaustivité, d'humilité parfois… C'est aussi un travail d'échange et de communication.

Analyser un besoin c'est aussi se tourner vers les autres et les écouter. Il est donc souhaitable de confier cette analyse à un « communicant » plutôt qu'à un expert qui ne rêve que de technique ou de technologies.

On parle souvent « d'utilisateur » dans l'analyse du besoin, ce terme me fait trop souvent penser au « patient » à l'hôpital ou à « l'usager » à la SNCF, je préfère de loin la notion de « Client » au sens noble du terme.

Analyser le besoin c'est comprendre que nous sommes tous clients de quelqu'un, que nous aimerions que nos besoins soient couverts « au plus juste », sans que l'on nous propose des produits « multifonctions » dont il nous faut assumer la totalité du coût alors que notre utilisation n'est que parcellaire.

Ajuster nos envies à nos besoins réels, c'est là un beau challenge !

Préface

*« Quand le sage montre la lune,
le sot regarde le doigt »*

CONFUCIUS

Qui n'a jamais entendu dire, à la suite d'efforts colossaux et de nuits blanches passées à travailler, au moment de la remise de ses résultats à un client, un responsable de service, des utilisateurs, un grand chef bien-aimé :

– « Ce n'est pas ce que je voulais… »

– « Ça ne sert à rien… »

– « Comment je fais ça ? »

– « Ce n'est pas le bon résultat ! »

– « Je vous avais dit que je voulais ça ! »

– …

Au final, des résultats ou des produits partiellement exploités, jamais utilisés ou surqualifiés et extrêmement coûteux, une équipe frustrée et démotivée, un client pas content…

Et tout cela pourquoi ? Parce que le résultat ou le produit ne correspond pas au besoin de votre « client » !

Mais, est-ce si évident, si simple que cela ?

Dans ma vie de consultante, ce que je vis au quotidien, ce sont de nombreux recadrages et beaucoup de temps à clarifier les attentes et à préciser le contenu non exprimé de phrases telles que : *« vous voyez ce que je veux dire »*, *« faites-moi cela »*,…

Étape essentielle à l'origine de tout développement, l'expression et l'analyse du besoin n'est pas une mince affaire ! Surtout qu'une bonne analyse des besoins focalise les efforts à venir et sert de boussole pour réussir nos projets, matérialiser nos idées et réaliser nos rêves.

Très pragmatique, cet ouvrage apporte un fil rouge méthodologique, des billes, des conseils, des outils et montre quels écueils éviter, pour que cette étape incontournable ne se fasse plus dans la douleur!

Bref, enfin, une méthode structurée accompagnée d'outils pratiques et simples à utiliser!

Marie-France Phu

Consultante en Gestion de projet
et Organisation au sein du groupe GERESO-EFii

Sommaire

CHAPITRE 3
25 Documents prêts à l'emploi et conseils d'utilisation

Introduction –
Quelques notions de base indispensables

MODE D'EMPLOI

L'introduction va permettre à ceux qui débutent en analyse du besoin d'appréhender le vocabulaire de base. Ce vocabulaire leur permettra de mieux comprendre les chapitres suivants et de mettre en œuvre au mieux la méthode.

DESCRIPTION DÉTAILLÉE DU CHAPITRE

Vous trouverez dans cette introduction les définitions et les concepts touchant aux thèmes suivants :

- La notion de client interne et la notion de client externe, la notion d'utilisateur.
- La notion de besoin.
- La notion de produit ou de service pour couvrir le besoin.
- La notion de fonction.
- L'analyse du besoin dans le déroulement d'un projet.
- La notion de valeur et de qualité.
- Les acteurs qui participent à l'analyse du besoin.

POINTS IMPORTANTS

L'analyse du besoin n'est pas complexe à comprendre, elle fait appel au bon sens, toutefois sa mise en œuvre repose sur un enchaînement qu'il faut respecter si on veut aboutir à un résultat satisfaisant et compréhensible par tous.

Il est nécessaire de bien comprendre le vocabulaire employé afin de pouvoir l'expliquer à ceux qui vont participer à cette analyse.

Analyser un besoin c'est devenir un « traducteur », cette traduction doit être la plus fidèle possible afin que celui qui va « couvrir » le besoin y réponde précisément.

Le besoin est ensuite décrit dans un document final qui peut être appelé « cahier des charges client » ou « cahier des charges utilisateur ».

Si on prend l'exemple de cette notion générale de cahier des charges, derrière ces mots plusieurs significations peuvent être comprises :

- Expression du besoin d'un client ou d'un utilisateur.
- Description d'un produit ou d'un service couvrant le besoin.
- Description des composants techniques d'un produit ou d'un service.
- Conditions de réalisation d'un produit ou d'un service (contraintes, maintenance…).
- Éléments du projet de réalisation d'un produit ou d'un service (planning, budget…).

Finalement ce n'est pas si simple…

Dans ce livre nous allons nous centrer sur le « cahier des charges client ou utilisateur », celui qui est finalement le départ du projet, celui qui va constituer le fondement de toute réalisation.

C'est une Lapalissade de dire que si le besoin est mal compris, il sera mal couvert !

Encore faut-il être capable d'analyser de manière exhaustive le besoin !

QUELQUES QUESTIONS…

Avant d'aborder l'aspect méthodologique (chapitre 1) il est nécessaire de définir les concepts de base. Quelques questions vont nous permettre de poser ces bases :

- Qu'est-ce qu'un « client-utilisateur » ?
- Qu'est-ce qu'un besoin, une fonction, un produit un service ?
- Qu'est-ce qu'une fonction d'usage et une fonction d'estime ?
- À quelle place l'analyse du besoin se situe-t-elle dans un projet ?

- Pourquoi est-il si difficile de couvrir un besoin ?
- Qu'appelle-t-on la valeur d'un produit ou d'un service ?
- Qu'est-ce que la qualité d'un produit ou d'un service ?
- Qui participe à l'analyse du besoin ?

Qu'est-ce qu'un client-utilisateur ?

C'est celui qui va faire usage du produit ou du service. On parle d'utilisateur final. Ce client peut être interne ou externe.

Il est interne lorsque l'on fabrique quelque chose en interne à la destination d'un autre acteur de la même entreprise. Lorsque le client est interne le produit ou service est plus rarement refacturé.

Le client-utilisateur est la personne la mieux placée pour exprimer son besoin, toutefois elle aura tendance à raisonner solution plutôt que besoin. Ainsi elle dira «je veux une voiture» plutôt que «je souhaite me déplacer d'un point A à un point B dans telle condition de confort».

Lorsque les clients-utilisateurs sont nombreux on peut faire appel à des représentants qui vont parler pour leurs pairs. C'est le cas lorsque l'on mène une enquête de satisfaction auprès d'un échantillon que l'on espère représentatif ou lorsque dans l'entreprise on nomme des représentants des utilisateurs dans un projet informatique par exemple. Le choix de ces représentants est primordial bien sûr car il conditionne que le besoin soit bien le besoin de la majorité.

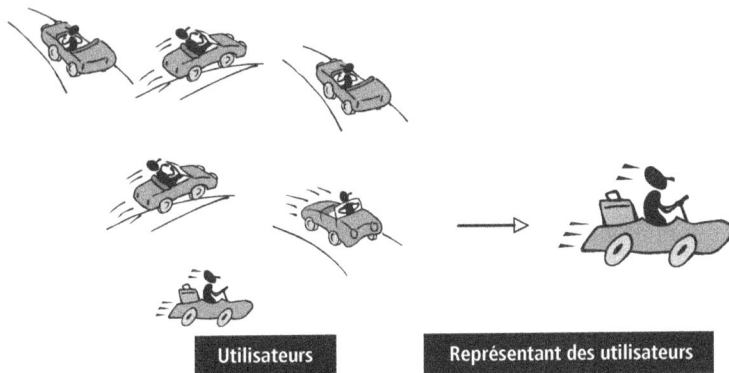

Utilisateurs   Représentant des utilisateurs

Qu'est-ce qu'un besoin, une fonction, un produit ou un service?

Le besoin c'est ce qui est exprimé ou non exprimé par l'utilisateur et qui lui permet de réaliser un certain nombre d'actions ou tâches.

Une partie du besoin peut ne pas être exprimée par l'utilisateur car il le juge implicite.

Le besoin peut être exprimé de la manière suivante :

«je voudrais trouver un moyen facile et rapide pour aller de mon domicile à mon travail» c'est le besoin exprimé, mais de manière implicite l'utilisateur pense «avec toutes les conditions de sécurité...»

Ce besoin peut se traduire en fonctions à remplir pour l'utilisateur :

• Être transporté rapidement

• Être protégé des autres usagers

• Avoir du confort...

Les fonctions doivent être normalement qualifiées afin qu'il n'y ait pas d'ambiguïté, en effet la notion de «rapidement» peut être très différente d'un utilisateur à l'autre. On va donc dire que la fonction «être transporté» sera qualifiée à 50 km/h de moyenne sur tout le trajet.

Les fonctions sont remplies par des produits ou des services offerts au client-utilisateur. Ainsi si l'analyse du besoin est bien réalisée elle laisse un grand champ de possibles pour couvrir le besoin.

Je peux par exemple proposer plusieurs produits qui remplissent la fonction «se déplacer à une moyenne de 50 km/h», la voiture, le tramway, le scooter, le bus, etc.

Si le besoin a bien été analysé, l'ensemble des fonctions sera listé, et les produits proposés couvriront le besoin.

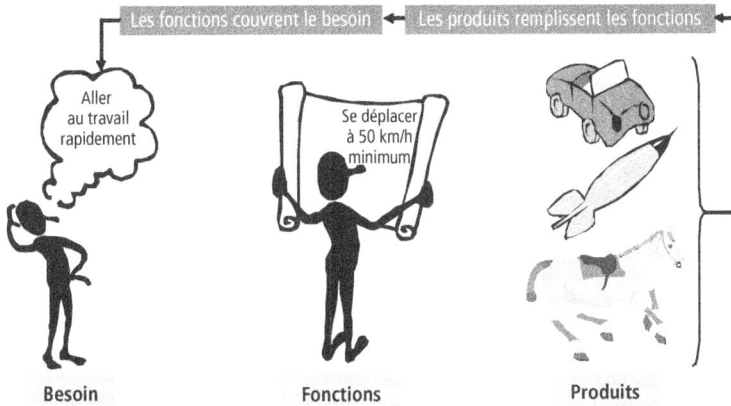

| Les fonctions couvrent le besoin | ← | Les produits remplissent les fonctions |

Aller au travail rapidement

Se déplacer à 50 km/h minimum

Besoin   Fonctions   Produits

Qu'est ce qu'une fonction d'usage et une fonction d'estime ?

L'ensemble des fonctions d'un produit comporte des fonctions d'usage et des fonctions d'estime. Ainsi le coût total d'un produit est la somme des coûts nécessaires pour remplir les fonctions d'usage et pour remplir les fonctions d'estime

La répartition de ces coûts est très différente suivant les produits. Les produits d'utilisation et de consommation courante privilégient la fonction d'usage, ainsi dans un paquet de lessive c'est généralement l'usage (laver le linge) qui prime. Cependant l'estime n'est jamais totalement ignorée, ainsi on mettra dans la lessive des petites paillettes bleues pour indiquer qu'il y a des agents actifs, la couleur, une grosse partie de la présentation et du packaging remplissent des fonctions d'estime.

Prenons le cas d'une montre, sa fonction d'usage principale est de donner l'heure, pour remplir cette fonction vous pouvez acheter une Swatch (encore qu'il existe une certaine « estime » à porter une Swatch !) ou acheter une Rolex qui elle aussi donnera l'heure aussi bien que la Swatch.

À quelle place l'analyse du besoin se situe-elle dans un projet ?

Lorsqu'on veut réaliser quelque chose, un produit ou service, on devrait respecter un certain nombre d'étapes :

1. L'étude préalable.
2. L'analyse détaillée du besoin.
3. L'analyse fonctionnelle.
4. L'analyse technique.
5. La réalisation.
6. Les tests.
7. La mise en production.

Ces étapes sont réalisées par 2 grands types d'acteurs, les acteurs qui sont du côté « utilisation », les acteurs qui sont du côté « réalisation », on parle dans certains projets de « maîtrise d'ouvrage » et de « maîtrise d'œuvre ».

La répartition des rôles entre ces acteurs est essentielle car elle détermine la réussite d'un projet.

Prenons **un exemple** et regardons à quoi correspond chacune des étapes du processus :

EXEMPLE

Une société X vient de construire un deuxième site de production à 1 km du premier site. Elle doit donc transporter entre ces 2 sites ses personnels et certains matériels. Elle doit donc étudier les différentes possibilités pour remplir ce besoin.

Déroulons maintenant toutes les étapes du projet en définissant chacune des étapes et en l'illustrant par l'exemple.

L'ÉTUDE PRÉALABLE

Elle consiste à dégrossir le besoin exprimé, à le formaliser de manière synthétique de façon à ce que chacun sache ce que sont le sujet de l'étude et son périmètre.

On peut aussi réaliser dans cette étude préalable faire un tour d'horizon des «solutions» pour remplir le besoin. Ces solutions peuvent être les solutions du marché, ou des solutions spécifiques apportées par un prestataire externe et interne.

Cette étude permettra d'écarter *a priori* soit des solutions en décalage avec le besoin général, soit des solutions qui ne correspondent pas aux contraintes de l'entreprise en matière de planning, de budget, de sécurité…

EXEMPLE

Dans l'étude préalable notre société X va organiser une ou deux réunions avec les responsables des sites de production pour savoir quels sont leurs besoins généraux.

On va ainsi dire qu'il faut pouvoir transporter jusqu'à 5 personnes à la fois avec 100 kg de matériel environ, que le transport ne doit pas dépasser 10 minutes porte à porte, que l'étude ne doit pas prendre en compte le chargement et le déchargement du matériel…

On étudiera de manière synthétique par exemple les solutions suivantes :

- Des fourgonnettes électriques.
- Des fourgonnettes traditionnelles.
- Un système de «petit train».
- Un funiculaire.
- Un tunnel entre les 2 sites.
- La réalisation d'un chariot électrique sur mesure par un prestataire…

On décide de ne concentrer l'étude que dans la réalisation sur mesure du chariot électrique car les autres solutions ne sont pas satisfaisantes en matière de contraintes ou de besoins.

Le résultat de cette étape est **un document d'étude préalable**.

L'ANALYSE DÉTAILLÉE DU BESOIN

Elle consiste à définir de manière précise et exhaustive le besoin.

Cette étude consistera à mettre en œuvre un certain nombre d'outils d'analyse qui permettront de modéliser le besoin et de le rendre compréhensible par ceux qui vont le couvrir.

Le document résultant de l'étude est rédigé dans un langage compréhensible par celui qui a exprimé le besoin, afin qu'il puisse valider que cette expression traduise bien les besoins initiaux.

> **EXEMPLE**
>
> Dans l'étude détaillée du besoin de notre exemple on va décrire précisément par exemple le type de matériel transporté, le nombre de déplacements effectués dans la journée, le nombre de personnes devant être transportées par heure, par jour. On pourra aussi décrire les conditions de sécurité.
>
> On fera aussi par exemple les plans des sites et du déplacement entre les sites.

Le résultat de cette étape est **un document d'étude détaillé du besoin.**

L'ANALYSE FONCTIONNELLE

Elle consiste à définir les fonctions que le produit ou service devra remplir. Chacune des fonctions doit être qualifiée par un niveau de performance.

Les fonctions seront hiérarchisées entre elles afin de préparer d'éventuels arbitrages si on ne peut pas techniquement ou financièrement réaliser toutes les fonctions.

Cette analyse fonctionnelle est un travail conjoint entre les futurs utilisateurs ou leurs représentants et ceux qui vont concevoir le produit ou service. En effet la définition de certaines fonctions peut demander des connaissances techniques.

EXEMPLE

Dans l'analyse fonctionnelle de notre exemple on va décrire dans la sécurité la fonction de « fixation » des matériels transportés. On va ainsi dire que les matériels sont fragiles, (on déterminera précisément ce qu'est la notion de fragile) et on dira qu'ils doivent être protégés et rester intacts même s'il y a un choc à 5 km/h.

Le résultat de cette étape est **un document d'analyse fonctionnelle.**

L'ANALYSE TECHNIQUE

Elle consiste à choisir ou concevoir des solutions techniques qui vont remplir les différentes fonctions et assurer leur niveau de performance.

Ce travail est réalisé par les techniciens du sujet qui vont décrire les solutions techniques de manière détaillée.

EXEMPLE

Dans l'analyse technique de notre exemple on va dire que pour la fixation des matériels on va utiliser des sangles de 4 cm de large en nylon avec des systèmes de cliquets, que les matériels seront placés dans des coffres en aluminium rembourrés de 10 cm de mousse à haute densité.

Le résultat de cette étape est **un document d'analyse technique.**

LA RÉALISATION

Elle consiste à fabriquer, acheter, paramétrer la solution technique choisie dans le document d'analyse technique.

Cette étape est réalisée par les techniciens qui vont aussi tester sur le plan technique la solution pour savoir si elle fonctionne bien (pannes, maintenance, etc.).

EXEMPLE

Les chariots vont être fabriqués conformément aux spécifications techniques décrites dans le document d'analyse technique. Ceux qui vont les fabriquer vont les tester dans leurs ateliers afin de vérifier qu'ils fonctionnent correctement et que tous les éléments techniques sont fiables.

Le résultat de cette étape est **le produit ou le service.**

LES TESTS

Il faut maintenant que le client-utilisateur vérifie si le produit-service est conforme à ses exigences et remplit son besoin. Pour ce faire il va définir des scénarios de tests qui vont permettre de mettre en œuvre le produit-service et vérifier sa conformité avec ce qui a été décrit dans l'analyse détaillée du besoin.

Cette étape doit être réalisée par les futurs utilisateurs ou leurs représentants, ce sont eux qui définissent les scénarios et pas le concepteur et le technicien.

EXEMPLE

5 chariots vont être prélevés et vont être testés avec 10 utilisateurs pendant 2 semaines. Toutes les conditions de transport ont été reproduites, seul ou avec plusieurs personnes transportées, avec ou sans matériel.

Le résultat de cette étape est **un procès-verbal de conformité** (appelé parfois pv de recette).

LA MISE EN PRODUCTION

Cette étape consiste à mettre en service ou (en vente) les produits ou services réalisés. Cependant ces produits-services nouveaux vont rester «sous surveillance» pendant une durée donnée définie au départ du projet en fonction des enjeux, des coûts... Si c'est un produit manufacturé vendu à des clients externes cette période peut être assortie d'une période de garantie.

Dans cette phase une partie de l'équipe technique qui a fabriqué le produit-service reste mobilisée afin d'intervenir le plus rapidement possible, on parle de mise en production sous contrôle.

EXEMPLE

Les 40 chariots fabriqués sont mis en service pour effectuer les trajets. Une personne détachée par le fabricant passera une fois par semaine pendant 3 mois pour contrôler le bon fonctionnement des chariots, relever les remarques des utilisateurs et corriger techniquement certains dysfonctionnements.

Le résultat de cette étape est **un procès-verbal de fin de projet**.

Les techniques d'analyse du besoin s'appliquent partiellement ou totalement dans les trois premières phases d'un projet. Elles s'appliquent de manière exhaustive dans la deuxième phase.

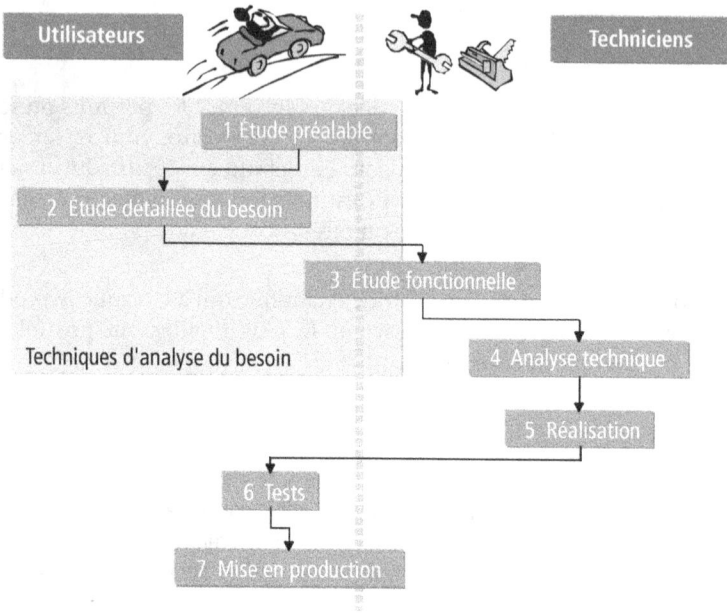

On voit bien dans ce schéma que les étapes qui impliquent une analyse de besoin sont les fondations du système. Si elles ne sont pas correctement déroulées, c'est tout l'édifice qui s'écroule.

30 % des produits-services ne répondent pas du tout aux besoins.

30 % des produits-services répondent partiellement aux besoins.

30 % des produits-services répondent totalement aux besoins.

Pourquoi est-il si difficile de couvrir un besoin ?

La réponse est finalement assez simple : « parce qu'il est difficile de traduire ce besoin de manière concrète, factuelle et fidèle ».

La « chaîne de traduction » du besoin peut être extrêmement complexe car elle peut comporter des interfaces multiples.

Imaginons que nous devions traduire le besoin de consommateurs (nombreux) pour leur fournir un produit. Les étapes vont être les suivantes :

1. Sélectionner un échantillon représentatif de clients du besoin.

2. Recueillir leurs besoins.

3. Traduire leurs besoins dans un document.

4. Comprendre le besoin pour le traduire en solutions fonctionnelles.

5. Transformer les attentes fonctionnelles en solutions techniques.

6. Fabriquer les solutions techniques pour obtenir le produit final.

7. Vendre le produit.

Chacune des étapes présente un risque d'erreur :

1. L'échantillon de clients n'est pas le bon.

2. Les besoins sont mal ou partiellement recueillis.

3. Le document est mal rédigé et les besoins sont mal traduits ou modélisés.

4. Le besoin est mal compris et il y a des fonctions manquantes.

5. Les fonctions sont mal décrites et les solutions techniques ne remplissent pas ces mêmes fonctions.

6. La fabrication du produit ne respecte pas la description technique.

7. Le produit est conforme mais il est mal « vendu » auprès des utilisateurs-clients.

Le chemin est long et difficile entre l'expression et la réalisation, le manque de rigueur et la libre interprétation des uns et des autres conduisent parfois à un décalage important entre le besoin réel et la réponse apportée.

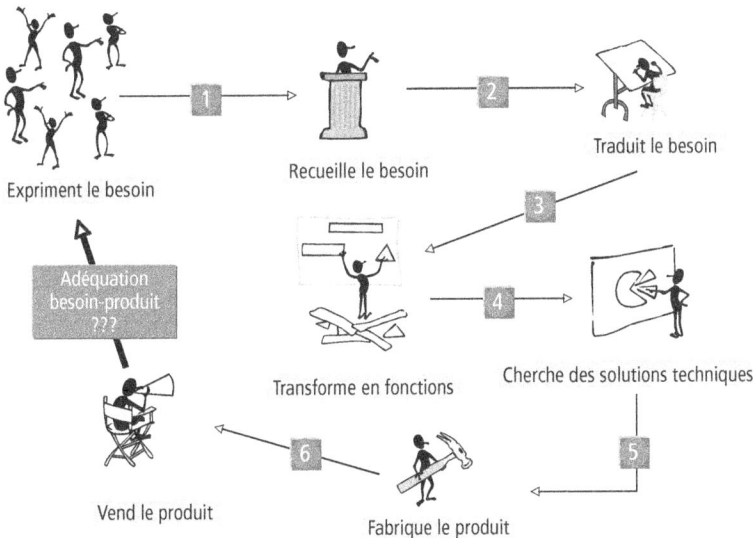

Expriment le besoin

Recueille le besoin

Traduit le besoin

Transforme en fonctions

Cherche des solutions techniques

Adéquation besoin-produit ???

Vend le produit

Fabrique le produit

Qu'appelle-t-on la valeur et qualité d'un produit ou d'un service ?

La valeur d'un produit est le rapport entre les fonctions qui sont remplies par un produit et le coût de ce produit. Ainsi un produit de grande valeur sera celui qui remplit le plus de fonctions possibles à moindre coût.

Ce raisonnement vient de la démarche «d'analyse de la valeur». Cette démarche apporte beaucoup à l'analyse du besoin car elle permet de faire un arbitrage entre les fonctions d'un produit.

Aujourd'hui les produits remplissent de plus en plus de fonctions sans nécessairement apporter de valeur. Par exemple si vous avez acheté un téléphone portable qui a les fonctions d'agenda et d'appareil photo, et que vous l'utilisez uniquement pour téléphoner, vous diminuez la valeur du produit que vous utilisez dans la mesure où vous avez payé des fonctions inutiles pour vous.

On augmentera donc la valeur si on ajoute des fonctions utiles sans augmenter le coût.

La notion de qualité est directement liée à la satisfaction du besoin. En effet si un produit remplit toutes les fonctions utiles à son utilisateur on dira qu'il est satisfaisant sur le plan de la qualité. Si le produit comporte plus de fonctions que l'utilisateur n'en a besoin on est en sur-qualité, et si le produit a moins de fonctions que ce que l'utilisateur attend on est en sous-qualité ; la sur-qualité et la sous-qualité sont de la Non-Qualité.

Qualité et Valeur

Quels sont les acteurs de l'analyse du besoin ?

Les acteurs possibles sont les suivants :

1. Les utilisateurs ou clients du produit ou service.
2. Les représentants des clients ou utilisateurs.
3. L'analyste.
4. L'animateur.
5. L'expert fonctionnel.
6. L'expert technique.
7. Le rédacteur.
8. Le décideur.

1. Les utilisateurs

Ceux qui vont faire usage du résultat de l'étude après fabrication (produit ou service).

Ils peuvent participer à l'étude s'ils sont directement interrogés sur leurs besoins.

2. Le représentant des utilisateurs

Généralement nommé par ses pairs, il va se charger de transmettre le besoin des utilisateurs finaux.

On veillera à ce qu'il soit lui-même utilisateur du résultat afin de limiter les interprétations sur les réels besoins.

3. L'analyste

Personne chargée de mettre en œuvre le recueil du besoin à travers différentes techniques (enquêtes, interviews, entretiens, observations…).

4. L'animateur

Il va organiser les groupes de travail et les animer. Ainsi on peut lui demander d'animer une séance de créativité. Ce rôle peut être rempli par l'analyste.

5. L'expert fonctionnel

C'est celui qui va, à partir du besoin, le traduire en fonctions à remplir. Ce rôle peut aussi être rempli par l'analyste.

6. L'expert technique

Il est l'expert des solutions techniques, de la construction du produit ou du service. Il intervient peu dans l'analyse du besoin dans la mesure où un besoin devrait être exprimé en dehors de toutes contraintes techniques. Cependant dans certains projets il peut intervenir (dans la phase d'étude préalable par exemple) afin de «canaliser» les besoins afin que certaines fonctions qui ne peuvent pas être remplies puissent être rapidement écartées de l'analyse.

7. Le rédacteur

C'est celui qui va rédiger le cahier des charges d'analyse du besoin et le faire valider aux utilisateurs ou aux représentants des utilisateurs. Ce rôle peut être tenu par l'analyste.

8. Le décideur

Dans certaines phases de l'analyse du besoin et notamment au moment des propositions de solutions, le décideur va effectuer des arbitrages et décider des solutions à retenir. Ses choix s'appuient généralement sur des critères budgétaires et temporels.

La multiplication des acteurs dans l'analyse du besoin donne plus de recul à chacun et permet de meilleurs arbitrages. Cependant les erreurs d'interprétation sont généralement plus nombreuses.

L'équipe peut être réduite aux utilisateurs, l'analyste et le décideur, il est alors plus facile de communiquer mais l'étude sera moins ouverte, moins complète et sûrement plus orientée.

QUELS SONT LES APPORTS D'UNE MÉTHODE ?

Une méthode offre un certain nombre d'apports à savoir :
1. Un langage commun aux acteurs qui l'utilisent.
2. Une garantie de reproductibilité de la façon de faire.
3. La limitation des oublis.
4. Un fil rouge et un garde-fou pour celui qui l'utilise.

	Les utilisateurs	– Expriment le besoin – Utilisent le produit	Compétents Pragmatiques
	Le représentant des utilisateurs	– S'exprime au nom des utilisateurs – Est lui-même utilisateur	Impartial Reconnu
	L'analyste	– Recueille le besoin – Formalise le besoin – Fait valider la formalisation	Méticuleux Exhaustif
	L'animateur	– Anime les groupes de travail – Fait émerger les idées – Fédère les acteurs de l'étude	Ouvert Communicant
	L'expert fonctionnel	– Traduit le besoin en fonctions – Aide à qualifier les fonctions – Modélise les fonctions	Distancié Concret
	L'expert technique	– Aide à faire des arbitrages techniques – Conseille sur les techniques possibles	Ouvert Pragmatique
	Le rédacteur	– Rédige le cahier des charges – Fait valider le cahier des charges	Exigeant Pugnace
	Le décideur	– Choisit parmi les solutions – Fait des arbitrages entre les acteurs	Leader Objectif

L'étude des besoins est une démarche très analytique, en conséquence le moindre oubli peut avoir des conséquences importantes sur le résultat final.

La méthode accompagnée d'outils va nous permettre non seulement de «décortiquer» le besoin, exprimer mais aussi de transformer une expression qui est orale au départ en écrit et en modélisation.

La modélisation apportée par les outils va permettre non seulement la validation par ceux qui ont exprimé le besoin, mais aussi la communication à d'autres acteurs et notamment à ceux qui le réalisent.

On s'efforcera au maximum donc de traduire les besoins sous la forme de tableaux, schémas, dessins, plans, modélisations…

La modélisation apporte non seulement un gain en communication mais aussi en temps. Aujourd'hui les acteurs n'ont plus le temps de lire (ou ne prennent pas le temps de le faire), il faut donc leur donner un accès à l'information rapide et efficace.

« Voilà mon besoin »

Un schéma vaut mille mots !!!!

Les 10 points à retenir

1. L'analyse du besoin consiste à traduire ce qu'exprime l'utilisateur dans un document qui permettra la réalisation d'un produit ou service qui satisfera le besoin.

2. Le besoin est exprimé sous la forme de fonctions à remplir, les fonctions sont qualifiées, le produit final devra donc remplir les fonctions et les performances associées.

3. L'analyse du besoin est insérée dans un processus global qui se déroule en 7 étapes qui vont de l'étude préalable à la mise en production.

4. Les techniques d'analyse du besoin s'appliquent dans les trois premières étapes, l'étude préalable, l'étude détaillée, l'analyse fonctionnelle.

5. L'analyse du besoin constitue les fondations de la construction d'un produit ou d'un service, il faut donc y consacrer le temps et le budget nécessaire.

6. L'acteur principal de l'analyse du besoin est l'analyse qui doit faire preuve d'objectivité, de pragmatisme et qui doit avant tout être exhaustif dans sa manière de procéder.

7. Il faut toujours privilégier les représentations graphiques quand c'est possible, de moins en moins de personnes prennent le temps de lire.

8. Un bon produit ou un bon service sont de qualité (ils répondent à tout le besoin) et ont une grande valeur (à moindre coût).

9. L'appui d'une méthode pour analyser le besoin est absolument nécessaire cela permet surtout de ne rien oublier.

10. Le besoin exprimé et rédigé dans un cahier des charges doit être validé par l'utilisateur final.

Chapitre 1

10 ÉTAPES POUR ANALYSER LE BESOIN

MODE D'EMPLOI

Ce chapitre est destiné à ceux qui débutent en analyse du besoin. Il permet une approche méthodologique progressive et simple de l'analyse du besoin. L'introduction vous a permis d'aborder le vocabulaire qui sera utilisé tout au long du chapitre.

DESCRIPTION DÉTAILLÉE DU CHAPITRE

Vous trouverez dans ce chapitre :
- Une présentation détaillée de la méthode et de son architecture.
- Une présentation des 10 fiches de la méthode.
- Une liste des outils qui peuvent être utilisés à chacune des étapes de la méthode.
- Un schéma général qui montre la démarche méthodologique à travers la mise en œuvre des documents.
- Une explication du fonctionnement de la méthode.

Pour chaque fiche méthodologique vous trouverez :
- Une présentation générale de la fiche avec les acteurs, les actions à entreprendre, les documents mis en œuvre, les remarques importantes.
- Le détail des actions à entreprendre avec des conseils.
- Les 10 points à retenir.

POINTS IMPORTANTS

Ce chapitre nécessite un peu plus d'investissement temps que les autres dans la mesure où il nécessite une lecture approfondie de chaque fiche.

Il ne faut pas nécessairement chercher dès la première analyse à mettre en œuvre toutes ces techniques au risque de vous décourager. La mise en œuvre peut être progressive d'une analyse sur l'autre en vous fixant des objectifs de progression réalistes.

Ce qu'il faut retenir :

• Il faut respecter toutes les étapes, avoir parfois une approche un peu scolaire qui permet de ne rien oublier, un petit oubli dans l'analyse peut engendrer de nombreux dysfonctionnements dans la réalisation finale et donc dans la couverture du besoin.

PRÉSENTATION DE LA MÉTHODE

La méthode est constituée de 3 éléments :
• Des phases.
• Des fiches.
• Des outils.

LES PHASES

La méthode contient 3 phases.

Une phase contient un certain nombre de fiches, elle correspond à une grande étape de la démarche d'analyse.

Les phases de la méthode sont :
1. Analyser.
2. Rechercher.
3. Modéliser.

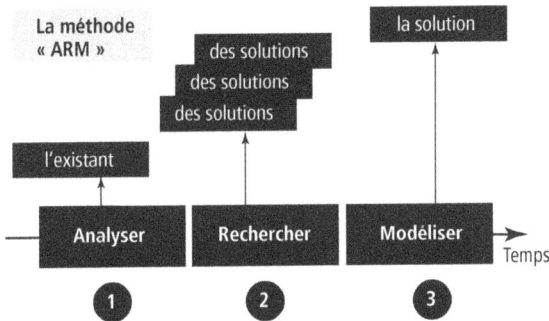

La phase **analyser** constitue le socle de la méthode, elle va nous donner toutes les bases des usages courants des utilisateurs. Elle repose sur une étude exhaustive et méticuleuse des produits et services existants ainsi que de leurs usages. La réussite de cette phase repose sur la capacité de ceux qui vont analyser le besoin à l'extraire et le traduire dans un langage compréhensible.

La phase **rechercher** est normalement la plus créative, elle permet à la fois de faire émerger toutes les idées possibles mais aussi de replacer ces idées dans le champ de contraintes (temporelles et financières). Cette phase se traduit généralement par un compte rendu ou un relevé de décisions sur les orientations ou solutions choisies.

La phase **modéliser** est l'aboutissement de l'étude. Elle consiste à «dessiner» en détail la solution choisie, la faire valider et la traduire dans un document final qui va servir de support à celui qui va couvrir le besoin (au sens fabriquer le produit et service qui va répondre au besoin).

PRINCIPE GÉNÉRAL DE RÉFLEXION

La méthode s'appuie sur une démarche de down-top-down.

En effet on part de l'existant, des produits ou services approchants de ce que l'on veut réaliser, cette analyse pouvant aussi s'appuyer sur des benchmark, puis on modélise l'existant afin de chercher les avantages et les inconvénients de cet existant, *c'est le Down*.

Ensuite on effectue des arbitrages entre les possibilités de création, d'ajout de nouvelles fonctions, on introduit dans cette phase des notions de coût et de temps afin de permettre au décideur de donner des orientations au nouveau produit ou service, *c'est le Top*.

Il faut ensuite construire la nouvelle solution en fonction des orientations données dans la phase top. On définit les nouvelles fonctions et les nouvelles solutions, on redescend vers le détail, *c'est à nouveau le down*.

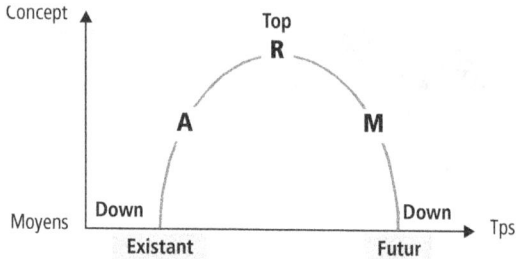

LES FICHES

La méthode contient 10 fiches. Ces fiches permettent au chef de projet d'avoir une «check-list» des actions à entreprendre à chaque étape de la vie du projet.

La méthode s'articule sur la démarche down-top-down, les fiches permettent de dérouler la méthode.

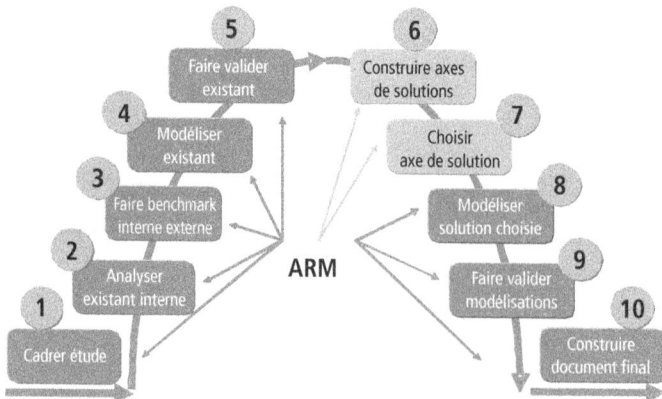

Les fiches de la phase *analyser* sont :
1. Cadrer l'étude.
2. Analyser l'existant interne.
3. Faire un benchmark interne-externe.
4. Modéliser l'existant.
5. Faire valider l'existant.

Les fiches de la phase *rechercher* sont :
6. Construire des axes de solutions.
7. Choisir un axe de solution.

Les fiches de la phase *modéliser* sont :
8. Modéliser en détail la solution choisie.
9. Faire valider les modélisations.
10. Construire le document final.

La méthode permet de réaliser 3 grands livrables ou documents qui sont :
1. Le résultat de la phase d'analyse qui se traduit par un document de synthèse contenant toutes les modélisations de ce qui a été analysé.
2. Un document déterminant les axes de solutions, il contient également un procès-verbal avec le choix du décideur concernant les orientations.
3. Le document final qui constitue le cahier des charges d'analyse du besoin, qui contient la description détaillée de la solution choisie.

Ces documents interviennent à des étapes clefs du processus, ces étapes peuvent donner lieu à des bilans intermédiaires.

Si le projet est extrêmement important en terme de taille (plusieurs mois × hommes), la méthode pourra être décomposée en lots (lots de travaux) avec un lot « Existant », un lot « Choix et orientations » et un lot « Solutions détaillées ».

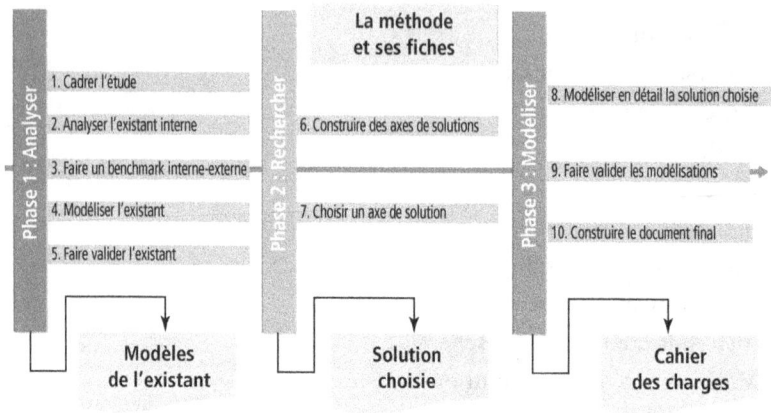

La méthode et ses fiches

Phase 1 : Analyser
1. Cadrer l'étude
2. Analyser l'existant interne
3. Faire un benchmark interne-externe
4. Modéliser l'existant
5. Faire valider l'existant

Phase 2 : Rechercher
6. Construire des axes de solutions
7. Choisir un axe de solution

Phase 3 : Modéliser
8. Modéliser en détail la solution choisie
9. Faire valider les modélisations
10. Construire le document final

Modèles de l'existant

Solution choisie

Cahier des charges

PRÉSENTATION SYNTHÉTIQUE DES FICHES

La fiche 1 «Cadrer l'étude»

Cette fiche permet de définir le périmètre de l'étude, ses objectifs ainsi que les acteurs qui vont y participer. C'est évidemment la base de toute la méthode car elle permet de mettre en mode projet l'étude qui va être réalisée.

La fiche 2 «Analyser l'existant interne»

Cette fiche permet de recenser sur le périmètre analysé les solutions existantes et les étudier. C'est l'étape la plus longue de la méthode, elle fait appel à de nombreux outils. D'une manière générale elle est souvent négligée par faute de temps, alors que l'investissement temps est extrêmement rentable notamment pour la recherche de solutions. C'est aussi dans cette fiche que vont être recueillies les critiques de l'existant (points forts et points faibles).

La fiche 3 «Faire un benchmark interne-externe»

Cette fiche permet d'élargir le champ d'analyse de l'existant en analysant de manière plus macro que dans la fiche précédente les solutions choisies pour remplir les mêmes fonctions hors périmètre mais dans un même environnement, mais aussi hors périmètre dans un environnement différent. Cette analyse alimentera aussi les points forts et points faibles de l'existant.

La fiche 4 « Modéliser l'existant »

Cette fiche consiste à dessiner, schématiser, expliquer ce qui a été observé dans l'analyse de l'existant. Le principal objectif de cette modélisation est de permettre la communication et la validation.

La fiche 5 « Faire valider l'existant »

À partir des modélisations réalisées on va demander à ceux qui ont été sollicités pendant l'analyse de l'existant de valider ce qui a été modélisé. Cela permet de partir sur des bases solides, de voir ce qui est utile ou ce qui ne l'est pas dans l'existant. C'est aussi la fiche à partir de laquelle vont être synthétisées les critiques de l'existant.

La fiche 6 « Construire des axes de solutions »

Dans cette fiche vont être réalisées les recherches de solutions. C'est à ce moment qu'un certain nombre de groupes de travail vont être organisés afin d'explorer les pistes d'amélioration, de création de solutions. Cela permettra de proposer plusieurs axes fonctionnels ou et techniques en essayant à ce niveau de couvrir un spectre le plus large possible.

La fiche 7 « Choisir un axe de solution »

Cette fiche va permettre de définir les grandes orientations à prendre pour la conception. Elle va bien sûr être réalisée sur la base de choix fonctionnels et techniques mais aussi sur des critères budgétaires et temporels. À la fin de cette étape un procès-verbal va être rédigé, il comporte les choix et la signature du décideur.

La fiche 8 « Modéliser en détail la solution choisie »

À partir des orientations choisies par le décideur la nouvelle solution va être décrite par des modélisations. Le niveau de détail devra être aussi important que les modèles qui ont été utilisés dans la phase d'analyse de l'existant.

La fiche 9 «Faire valider les modélisations»

La solution qui a été modélisée va être validée par les utilisateurs, par le décideur mais aussi par les experts fonctionnels et techniques afin qu'ils puissent vérifier la faisabilité de ce qui est décrit. Là encore certains arbitrages peuvent être effectués par le décideur.

La fiche 10 «Construire le document final»

Ce travail de rédaction est très lourd en terme de charge de travail. Il sera d'autant plus important que la réalisation du produit ou service décrit sera externalisée. C'est un travail rédactionnel essentiel qui demande de la minutie et de la persévérance. L'assemblage du document final avec ses annexes constituera le cahier des charges qui va servir à l'analyse technique, puis à la fabrication.

LE DOCUMENT FINAL

Le cahier des charges final est la résultante de toutes les étapes, il comprend 10 parties qui correspondent chacune à une fiche méthodologique.

Les 10 points qui constituent le plan du document sont les suivants :

1. Présentation du projet et des objectifs
2. Description et critiques de l'existant interne
3. Description et critique de l'existant externe
4. Modélisations de l'existant
5. Synthèse des points forts et des points faibles et validation de l'existant
6. Propositions et axes de solutions
7. Orientations du projet et des solutions
8. Modélisations de la solution choisie
9. Contraintes fonctionnelles et techniques
10. Annexes au document

Un modèle de document est proposé dans la méthode, ce document et sa présentation seront détaillés dans la conclusion de ce livre.

LES OUTILS

La méthode et les fiches s'appuient sur la mise en œuvre d'une boîte à outils. Les outils peuvent être utilisés dans plusieurs fiches à la fois. La mise en œuvre des outils dépend directement du thème étudié (produit ou service) et de la façon dont on veut traiter le thème.

Dans chaque fiche un certain nombre d'outils sont proposés. Les outils sont ensuite détaillés dans le chapitre 2 et le chapitre 3. Dans le chapitre 2 le mode d'emploi de chaque outil sera donné et dans le chapitre 3 un modèle de document associé à chaque outil sera proposé.

Les outils proposés sont :

1. Note de cadrage.
2. Répartition des rôles et des tâches.
3. Entretien.
4. Modèle du poste de travail.
5. QQOQCPC.
6. Fiche d'auto pointage.
7. Questionnaire.
8. Feuille d'analyse.
9. Tableau de répartition des tâches ou des fonctions.
10. Graphe d'environnement.
11. Diagramme FAST.
12. Tableau des critères.
13. Organigramme.
14. Tableau des critiques.
15. Tableau croisé des fonctions.
16. Groupe de travail.
17. Diagramme d'Ishikawa.
18. Tableau des solutions.
19. Matrice multicritère.
20. Réunion de décision.
21. Plan d'action.
22. Brainstorming.

23. Boîte à idées.

24. Dazibao.

25. Diagramme de Pareto.

Certains outils sont plus utiles dans le cas d'une réflexion sur un produit d'autres dans le cas d'un service ou d'un processus. Une ventilation sera donc proposée dans chaque fiche de la méthode.

FONCTIONNEMENT DE LA MÉTHODE

Les fiches de la méthode sont numérotées de manière séquentielle, cependant il est évident que sur le terrain certaines fiches peuvent être parallélisées afin soit de gagner du temps, soit tout simplement car certains éléments d'une fiche sont complémentaires d'une autre.

Une méthode n'est donc pas «un système à cliquet» qui ne permet pas de revenir en arrière.

Les parties correspondant à l'analyse sont les plus longues à réaliser, ainsi il n'est pas anormal de consacrer 2/3 de la charge de l'étude pour faire les 5 premières fiches. Le choix de la stratégie down-top-down est certainement le plus long mais assurément le plus sûr.

Les acteurs participant à l'analyse se répartissent la charge de travail suivant les différentes étapes. L'idéal étant de se mettre en mode projet, la personne qui réalise l'analyse sera naturellement le chef de projet, sauf si cette analyse est incluse dans un projet plus global dont le chef de projet n'est pas un spécialiste de l'analyse fonctionnelle.

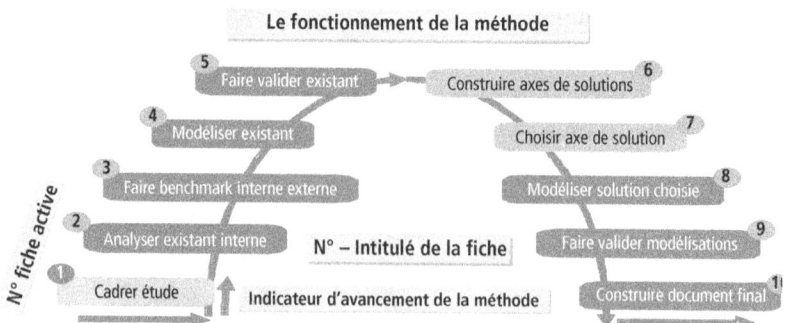

Le fonctionnement de la méthode

5 Faire valider existant
6 Construire axes de solutions
4 Modéliser existant
7 Choisir axe de solution
3 Faire benchmark interne externe
8 Modéliser solution choisie
2 Analyser existant interne
9 Faire valider modélisations
1 Cadrer étude
10 Construire document final

N° fiche active
N° – Intitulé de la fiche
Indicateur d'avancement de la méthode

FONCTIONNEMENT DU GUIDE

Le guide méthodologique est constitué de 10 fiches. Pour chacune des fiches vous trouverez un descriptif synthétique récapitulant :

• Le ou les acteurs concernés par la fiche.

• La liste des outils que vous avez à votre disposition pour réaliser la fiche.

• Les actions à entreprendre par celui qui réalise la fiche.

• Des remarques qui correspondent aux dysfonctionnements majeurs rencontrés à cette étape.

• Une liste de conseils.

La fiche est ensuite suivie d'un descriptif de la mise en œuvre des actions à entreprendre. La description de chaque action se termine par quelques conseils.

La fiche se termine par une liste de 10 points importants à retenir

Chaque fiche aura l'architecture suivante.

Acteurs réalisant cette fiche	
OUTILS DISPONIBLES	
Pour la conception d'un service	Pour la conception d'un produit
Actions à entreprendre	
Remarques	

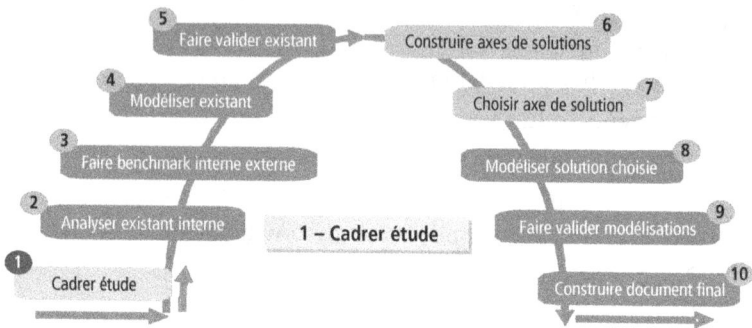

5 Faire valider existant	6 Construire axes de solutions
4 Modéliser existant	7 Choisir axe de solution
3 Faire benchmark interne externe	8 Modéliser solution choisie
2 Analyser existant interne	**1 – Cadrer étude**	9 Faire valider modélisations
1 Cadrer étude		10 Construire document final

Acteurs réalisant cette fiche

Le décideur

analyste

OUTILS DISPONIBLES	
Pour la conception d'un service	**Pour la conception d'un produit**
Note de cadrage Répartition des rôles et des tâches	Note de cadrage Répartition des rôles et des tâches

Actions à entreprendre

– Définir les objectifs avec le commanditaire du projet.
– Préciser le périmètre de l'étude.
– Faire la liste des personnes participant à l'étude.
– Faire le planning détaillé de l'étude.
– Communiquer sur le lancement de l'étude.

Remarques

Même si le résultat d'une étude est un document il est nécessaire de la mettre dans un réel mode projet afin de déterminer des objectifs clairs et de mesurer sa faisabilité.

▮1 Cadrer l'étude

Définir les objectifs avec le commanditaire du projet

Seul le commanditaire peut précisément définir les objectifs de l'étude. Cette définition doit porter sur 3 plans : le résultat attendu (niveau de précision du document final, utilisation du document final, niveau de présentation...), le temps (calendrier de l'étude, jalons intermédiaires...), les coûts (budget en temps et financier que l'on peut consacrer à l'étude).

Conseils

- Mettre des indicateurs chiffrés sur chacun des objectifs à atteindre.
- Indiquer tous ces éléments dans la note de cadrage.
- Faire plusieurs versions de la note de cadrage si nécessaire.
- Faire valider la note de cadrage au commanditaire.
- Négocier les objectifs inatteignables.

Préciser le périmètre de l'étude

Le périmètre porte sur 2 éléments principaux : les personnes qui vont participer à l'étude, le niveau de profondeur de l'étude. S'il s'agit de réaliser une première approche du besoin avant de décider de réaliser un cahier des charges détaillé, le nombre de personnes sera réduit et la « maille » d'analyse sera assez grosse. Le périmètre est souvent déterminé par le temps qui est imparti à l'étude et par le budget qui lui est alloué.

Conseils

- Vérifier qu'il y a un équilibre entre le temps alloué, le budget et le périmètre souhaité.
- Si le temps et le budget sont négociables élargissez le périmètre, en effet une étude de besoin n'est jamais assez exhaustive.

Faire la liste des personnes participant à l'étude

À ce stade il faut prendre la liste des différentes personnes nécessaires (utilisateurs, animateur, analyste, experts... et affecter ces responsabilités à chacun). En théorie tous les rôles doivent être remplis, certaines personnes (c'est souvent le cas dans des petites études) peuvent remplir plusieurs rôles.

Conseils

- Faire une liste la plus exhaustive possible en se basant sur le périmètre défini précédemment.
- Travailler sur la base du volontariat plutôt que sur celle de la désignation.
- Vérifier soigneusement la capacité des experts et des représentants des utilisateurs, ce sont eux qui peuvent être les plus contestés.

Faire le planning détaillé de l'étude

La construction du planning va permettre de répartir les rôles en détail et d'évaluer la charge de travail individuelle et globale.

Il faut faire la liste des différentes étapes de l'étude (étude de l'existant...) en se basant sur la démarche méthodologique globale en 10 étapes et ensuite découper ces étapes en tâches individuelles en fonction des objectifs.

Conseils

- Faire un premier planning en ne tenant pas compte des contraintes imposées en matière de date.
- Négocier avec le commanditaire les objectifs (résultats attendus, temps, coûts) en fonction du planning obtenu.
- Faire le calcul de la charge individuelle et vérifier si elle est compatible avec les emplois du temps de chacun.
- Vérifier que chacun connaisse le planning global de l'étude afin de comprendre son déroulement global.

Communiquer sur le lancement de l'étude

L'idéal est de construire un plan de communication qui va indiquer toutes les actions de communication qui vont être faites pendant le projet d'analyse.

Les utilisateurs qui vont participer à l'étude vont être fortement sollicités, leur mobilisation tout au long du projet n'est pas toujours facile à obtenir, il faut donc prévoir de les informer périodiquement de l'avancement du projet ainsi que du résultat obtenu.

Conseils

– Faire valider le plan de communication par le commanditaire.
– Effectuer des actions de reporting régulières surtout si l'étude se déroule sur une durée supérieure à 3 mois.

Les 10 points à retenir

1. Écrire les objectifs et les chiffrer le plus précisément possible.
2. Obtenir un consensus avec le commanditaire sur les objectifs en les négociant.
3. Définir le périmètre externe et interne de l'étude en listant toutes les personnes qui vont participer.
4. Faire attention à ne pas sous-estimer le niveau de détail nécessaire à une analyse du besoin.
5. Remplir tous les rôles en acceptant que certaines personnes puissent avoir plusieurs rôles dans les petites études.
6. Ne négliger aucun rôle et impliquer le commanditaire dans toutes les étapes.
7. Décomposer le projet en tâches en essayant d'être le plus détaillé possible.
8. Chiffrer de manière exhaustive la charge de travail en ne négligeant pas les tâches de communication et de coordination.
9. Effectuer un lancement officiel de l'étude en informant tous les acteurs de son démarrage.
10. Ne pas se relâcher dans la communication afin de maintenir la motivation.

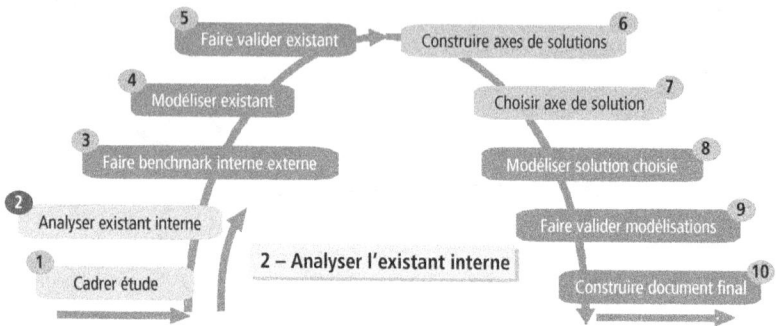

5 Faire valider existant
6 Construire axes de solutions
4 Modéliser existant
7 Choisir axe de solution
3 Faire benchmark interne externe
8 Modéliser solution choisie
2 Analyser existant interne
9 Faire valider modélisations
1 Cadrer étude
2 – Analyser l'existant interne
10 Construire document final

Acteurs réalisant cette fiche

Les utilisateurs

analyste

OUTILS DISPONIBLES	
Pour la conception d'un service	**Pour la conception d'un produit**
Entretien Modèle du poste de travail Fiche d'auto pointage Questionnaire Feuille d'analyse	Entretien Graphe d'environnement Diagramme FAST QQOQCPC Tableau des critiques

Actions à entreprendre

- Envoyer un questionnaire préparatoire.
- Réaliser les entretiens.
- Faire des observations et des mesures qualitatives.
- Faire des observations et des mesures quantitatives.
- Réaliser des comptes rendus et des synthèses.

Remarques

Cette phase constitue le socle de l'étude, c'est la plus importante, il faut avoir le souci du détail, être pragmatique et concret pour pouvoir ensuite faire des synthèses pertinentes.

2 Analyser l'existant interne

Envoyer un questionnaire préparatoire

Le questionnaire préparatoire va permettre à celui qui va être interviewé de mettre de l'ordre dans ses idées, de préparer éventuellement un document de synthèse et de préparer l'entretien.

Cela permet d'optimiser l'entretien, de le rendre plus efficace et de mettre aussi la personne interviewée plus à l'aise car elle connaît la teneur de l'entretien.

Conseils

- Prévenir par oral la personne en lui rappelant les objectifs de l'étude avant de lui envoyer le questionnaire.
- Préciser le niveau de détail attendu, éventuellement les « mises en scène » que vous souhaitez.
- Déterminez précisément le temps nécessaire et informez la personne interviewée.

Réaliser les entretiens

C'est un acte technique difficile car il nécessite de communiquer, de récolter de l'information et de prendre le plus de notes possibles.

La clef de l'ensemble réside dans la structure que vous allez y mettre, dans le plan de travail mais qui toutefois ne doivent pas être trop rigides afin de laisser la personne s'exprimer.

Conseils

- Ne pas oublier que c'est un acte de communication et que ce premier contact donne « le ton » de toute l'étude.
- Respecter les règles de fonctionnement de l'entretien à la lettre afin de ne rien oublier.
- Privilégier dans un premier temps le relationnel à l'obtention de l'information.

Faire des observations et des mesures qualitatives

Dans certains cas il est nécessaire de faire des observations simples sans intervention de l'utilisateur. Ces observations sont faites par l'analyste qui va simplement prendre des notes en observant le processus ou les actions entreprises.

Conseils

– Communiquer en amont sur le passage de la personne qui va faire les observations sauf si une stratégie de type « client mystère » est utilisée.
– Mettre en appui des observations des moyens vidéo ou photo afin de pouvoir visionner plusieurs fois les observations.

Faire des observations et des mesures quantitatives

Les mesures quantitatives consistent à chiffrer des temps, des quantités et des fréquences. Ce peut être par exemple le nombre d'utilisation d'une machine.

Ces mesures peuvent être effectuées en aveugle à l'insu de l'utilisateur pour ne pas perturber le processus, ou en accord avec l'utilisateur. Le traitement des données se fera avec les outils statistiques adéquats.

Conseils

– Ne jamais tirer des conclusions uniquement au vu de résultats chiffrés, une analyse quantitative doit être étayée par une analyse qualitative.
– N'oubliez pas de choisir un échantillon représentatif afin de ne pas altérer les conclusions.

Réaliser des comptes rendus et des synthèses

L'objectif des comptes rendus est double, ils permettent aux utilisateurs de valider ce qui a été recueilli ou observé et ils servent aussi à la préparation de la modélisation de l'existant.

C'est une première étape de synthèse qui permet de croiser les informations recueillies et ainsi de commencer la validation.

– Ne pas sous-estimer le temps nécessaire à la rédaction des comptes rendus, dans certains cas il peut être 2 fois plus important que le temps nécessaire au recueil de l'information.

– Favoriser une présentation agréable et claire dans les comptes rendus afin de s'assurer que ceux qui vont les valider les lisent réellement.

Les 10 points à retenir

1. Le questionnaire préparatoire permet de gagner du temps car il aide celui qui va être interviewé à préparer ses informations et l'ordonnancement de ces informations.

2. Le questionnaire préparatoire doit être envoyé ni trop tôt, ni trop tard, environ 5 jours avant l'entretien.

3. L'entretien est l'acte de communication le plus important de l'étude, c'est souvent le premier contact avec les utilisateurs qui vont se forger une opinion quasi définitive sur l'étude.

4. L'entretien doit être structuré et mené de manière très professionnelle même si la personne interviewée est une relation.

5. Les observations qualitatives permettent de voir un processus ou des actions sans interrompre l'utilisateur.

6. Les observations peuvent être réalisées à l'insu de l'utilisateur en s'appuyant éventuellement sur des outils vidéo ou photo.

7. L'utilisation d'outils vidéo ou audio doit rentrer dans un cadre légal, il faut s'assurer auprès d'un service juridique qu'il est bien respecté.

8. Les mesures quantitatives ne sont pas suffisantes pour tirer des conclusions.

9. Il faut s'appuyer sur les lois statistiques pour traiter les informations quantitatives.

10. Un compte rendu doit être facile à lire et à valider.

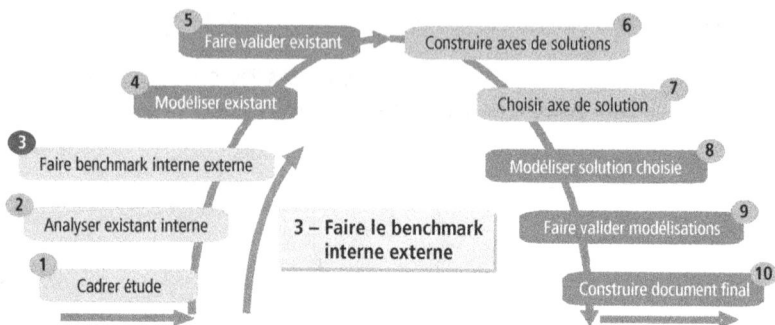

Diagramme de processus :

- **1** Cadrer étude
- **2** Analyser existant interne
- **3** Faire benchmark interne externe
- **4** Modéliser existant
- **5** Faire valider existant
- **6** Construire axes de solutions
- **7** Choisir axe de solution
- **8** Modéliser solution choisie
- **9** Faire valider modélisations
- **10** Construire document final

3 – Faire le benchmark interne externe

Acteurs réalisant cette fiche			
analyste	représentant des utilisateurs	expert technique	expert fonctionnel

OUTILS DISPONIBLES	
Pour la conception d'un service	**Pour la conception d'un produit**
Questionnaire	Questionnaire
Tableau de répartition des tâches ou des fonctions	Graphe d'environnement
Tableau des critiques	Tableau des critiques

Actions à entreprendre

- Définir plus précisément les périmètres à analyser.
- Mener l'étude fonctionnelle.
- Mener l'étude technique.
- Comparer les résultats avec l'étude interne.
- Faire une synthèse de l'existant externe.

Remarques

L'ouverture vers des solutions dans des environnements différents permet souvent de trouver des voies simples logiquement empruntées par les autres. L'essentiel est de couvrir le besoin pas d'empiler les fonctions.

3 Faire le benchmark interne et externe

DÉTAIL DES ACTIONS À ENTREPRENDRE

Définir plus précisément les périmètres à analyser

Le benchmark va permettre de ne pas « réinventer la poudre », néanmoins il coûte cher car il nécessite des déplacements vers d'autres unités de l'entreprise ou vers d'autres entreprises, il peut même nécessiter une enquête qui est sous-traitée à un prestataire. Il faut donc préciser les fonctions sur lesquelles il faut centrer le benchmark.

Conseils

- Chiffrer l'ensemble des coûts nécessaires à la réalisation du benchmark afin de faire des arbitrages et supprimer les études superflues.
- Privilégier le benchmark externe qui apporte des éclairages plus importants en terme d'innovation et qui de plus apporte une veille concurrentielle.
- Formaliser par écrit les périmètres d'analyse choisis.

Mener l'étude fonctionnelle

Le temps consacré au benchmark est généralement assez court, il faut donc se centrer sur les fonctions principales ou prioritaires. Définissez auparavant les fonctions sur lesquelles il faut faire un zoom afin d'optimiser le temps de l'étude.

Conseils

- Préparer les outils d'analyse (tableaux, schémas, dessins…) à l'avance afin d'optimiser le temps d'analyse.
- Préparer les entretiens en envoyant des questionnaires préalables.
- Faire des check-lists de questions à poser.

Mener l'étude technique

C'est l'exploration des solutions techniques qui remplissent les fonctions. Cette phase est moins délicate que l'étude fonctionnelle car elle peut être réalisée grâce à la récupération de toute la documentation des produits ou services. La documentation est souvent moins présente pour un service ou un processus.

Conseils ➔

- Récupérer la documentation technique en la classant au fur et à mesure par grande fonction remplie.
- Se faire commenter les solutions techniques sans trop entrer dans le détail.
- Au besoin utiliser les moyens vidéo et photo pour enregistrer les moyens techniques utilisés en vérifiant au préalable que vous avez toutes les autorisations pour le faire.

Comparer les résultats avec l'étude interne

La comparaison n'est pas toujours facile compte tenu du niveau de maillage de l'analyse qui peut être différent (détaillé pour l'interne, synthétique pour le benchmark). Toutefois la comparaison donne déjà des indicateurs sur les avancées ou les retards autant sur le niveau fonctionnel que technique.

Conseils ➔

- Construire un tableau simple comparatif sur le plan fonctionnel et sur le plan technique.
- Consigner les premières conclusions qui vont constituer certaines des pistes à explorer dans la phase de recherche de solutions.
- Prendre l'avis des utilisateurs sur les produits et services observés chez la concurrence.

Faire une synthèse de l'existant externe

Il est nécessaire à ce stade de consigner les grandes conclusions du benchmark sans toutefois considérer que les solutions fonctionnelles ou techniques observées ailleurs sont celles qui sont bonnes. Plus l'innovation doit être forte, moins il faut considérer que ce qui a été observé constitue des pistes de solutions.

– Penser que le benchmark peut permettre de trouver des nouvelles solutions mais aussi de comprendre les points forts de l'existant.
– Ne considérer les solutions observées que comme des hypothèses et non pas des buts à atteindre.

Les 10 points à retenir

1. Ne pas oublier que certaines solutions fonctionnelles ou techniques existent dans d'autres services, directions, filiales.
2. Centrer le benchmark sur les points faibles de l'existant.
3. Confier éventuellement une partie de cette étude à un sous-traitant qui lui dispose d'ores et déjà d'études.
4. Observer les produits et services des concurrents si possible en situation afin de bien visualiser les fonctions remplies.
5. Faire des observations dans des situations qui sont très différentes de ce que l'on a observé dans l'existant interne.
6. Utiliser tous les moyens d'enregistrement (vidéo, photo) pour gagner du temps dans le recueil des solutions techniques.
7. Récupérer toutes les documentations techniques et les classer au fur et à mesure de l'avancement de l'étude.
8. Faire un tableau comparatif simple entre l'interne et l'externe en dégageant les points forts et les points faibles.
9. Ne pas oublier que ce qui existe ailleurs n'est pas forcément meilleur c'est l'utilisateur-client qui décide.
10. Faire participer l'utilisateur à la synthèse.

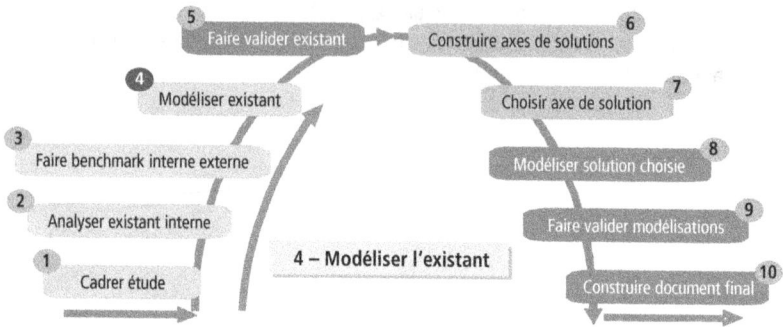

5	Faire valider existant
6	Construire axes de solutions
4	Modéliser existant
7	Choisir axe de solution
3	Faire benchmark interne externe
8	Modéliser solution choisie
2	Analyser existant interne
9	Faire valider modélisations
1	Cadrer étude
10	Construire document final

4 – Modéliser l'existant

Acteurs réalisant cette fiche	
analyste	expert fonctionnel

OUTILS DISPONIBLES	
Pour la conception d'un service	**Pour la conception d'un produit**
Tableau des critères	Tableau des critères
Organigramme fonctionnel	Tableau croisé des fonctions
Tableau croisé des fonctions	Diagramme d'Ishikawa
Diagramme d'Ishikawa	Tout schéma ou dessin

Actions à entreprendre

- Faire la liste des fonctions existantes.
- Catégoriser précisément les fonctions.
- Classer les fonctions par ordre d'importance.
- Choisir une modélisation appropriée.
- Modéliser les fonctions.

Remarques

L'unique objectif de la modélisation est la communication et l'échange. Le choix du modèle est donc très important, il doit donc être adapté à la cible avec laquelle on veut communiquer.

4 Modéliser l'existant

Faire la liste des fonctions existantes

À partir des éléments recueillis sur le terrain dans le périmètre ou lors des benchmark il faut lister les fonctions. Ce qui n'est pas toujours exprimé par les personnes rencontrées sous forme de fonction doit être « traduit en termes de finalités ».

Conseils

- Faire une liste exhaustive de tous les éléments recueillis de préférence dans un tableau pour ne rien oublier.
- Ne pas oublier que tout doit être exprimé en termes de finalités en faisant abstraction des moyens pour remplir ces finalités.
- Passer du temps sur cette étape qui peut être parfois difficile à réaliser.

Catégoriser précisément les fonctions

Chacune des fonctions doit être précisée par ses critères de performance. Les critères sont plus faciles à trouver lorsqu'il s'agit d'un produit que lorsqu'il s'agit d'un service, néanmoins ces caractéristiques doivent être chiffrées.

Une fonction peut avoir plusieurs critères de performance.

Conseils

- Mettre les fonctions dans un tableau qui laisse la possibilité d'indiquer plusieurs critères.
- Revenir vers les personnes interviewées si vous avez omis de demander certains critères.
- Rester homogène dans le niveau de précision de chacun des critères, ainsi si tous sont à la seconde près, respectez cette maille d'analyse jusqu'au bout.

Classer les fonctions par ordre d'importance

L'importance est celle déterminée par le futur utilisateur-client de la fonction, ce n'est pas celle perçue par celui qui fait l'analyse. Ainsi là encore il peut être utile de revenir vers les personnes interviewées.

➔   – Utiliser un tableau croisé pour comparer les fonctions entre elles et ainsi les hiérarchiser.
   – Ne pas confondre coût et importance d'une fonction, ainsi un objet peut avoir des fonctions coûteuses mais qui n'ont aucun usage pour celui qui va l'utiliser.

Conseils

Choisir une modélisation appropriée

La modélisation a plusieurs objectifs : tout d'abord la communication, donc le modèle doit pouvoir être lu par ceux qui vont l'exploiter, c'est ensuite un outil de synthèse c'est-à-dire que l'on ne va pas pouvoir mettre toutes les informations dans le modèle. Le choix du modèle est donc déterminant, il vaut mieux essayer plusieurs modèles pour trouver celui qui convient le mieux à l'objectif.

➔   – Faire plusieurs modèles plutôt que de vouloir mettre toutes les informations sur un seul.
   – Utiliser les outils logiciels de modélisation du type Visio de Microsoft pour « mettre au propre » votre travail.
   – Demander de l'aide éventuellement à ceux qui ont des outils dédiés de modélisation, c'est souvent le cas dans les modélisations des systèmes d'informations.

Conseils

Modéliser les fonctions

Il peut être intéressant de regrouper les fonctions par type afin de faire plusieurs versions du modèle. Le modèle peut prendre plusieurs états (par exemple à l'arrêt et en fonctionnement, le week-end et la semaine), il est toujours préférable de réaliser plusieurs modélisations plutôt que de tout mettre dans le même (à moins de disposer d'un logiciel de simulation).

Conseils

– Utiliser la couleur dans la construction de vos modèles.
– Utiliser toujours la même convention typographique (un seul type de message ou fonction par couleur).
– Faites valider vos modèles par un candide, cela vous permettra de savoir s'ils sont lisibles et compréhensibles.

Les 10 points à retenir

1. Mettre toutes les fonctions dans un tableau plutôt que dans du texte libre.
2. Exprimer les fonctions sous la forme «verbe et complément».
3. S'efforcer de toujours mettre des critères de performance quantitatifs sur chacune des fonctions.
4. Conserver un niveau d'homogénéité dans les critères de performance surtout en terme de maille d'analyse ou de mesure.
5. Respecter les critères de celui qui utilise pour déterminer l'importance des fonctions.
6. Exprimer les décalages qu'il peut y avoir entre l'importance pour l'utilisateur et celle pour l'entreprise dans le cas d'un produit ou d'un service à usage interne.
7. Utiliser des modèles simples qui vont faciliter la communication.
8. Ne pas hésiter à faire plusieurs modèles et plusieurs versions du modèle.
9. Respecter une certaine homogénéité dans «la forme» de vos modèles.
10. Faire valider les modèles par quelqu'un d'extérieur à l'étude pour en vérifier la compréhension.

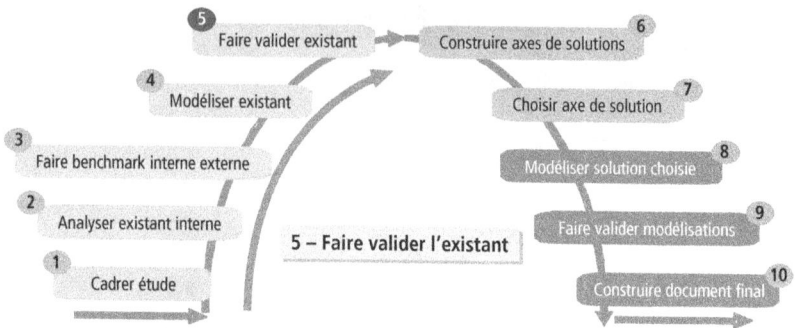

5 — Faire valider l'existant

Acteurs réalisant cette fiche

utilisateurs   représentant des utilisateurs   animateur   analyste

OUTILS DISPONIBLES	
Pour la conception d'un service	**Pour la conception d'un produit**
Groupe de travail Plan d'action Réunion de décisions	Groupe de travail Plan d'action Réunion de décisions

Actions à entreprendre

– Organiser les groupes de travail.
– Animer les groupes de travail.
– Croiser les résultats.
– Faire valider les résultats.
– Faire une synthèse de l'existant.

Remarques

La validation permet d'obtenir un consensus sur l'analyse de l'existant et sur les critiques (points forts et points faibles) de cet existant, le résultat est directement dépendant de la qualité de l'animation.

Faire valider l'existant

Organiser les groupes de travail

Il est très difficile compte tenu des emplois du temps d'organiser au dernier moment des groupes de travail, il est donc nécessaire d'anticiper et de les prévoir au moins 2 mois à l'avance à moins que les personnes ne soient dédiées au projet à 100 %, ce qui est rare dans ce type d'étude.

Conseils

– Faire un planning précis à l'avance.
– Organiser la participation en fonction des domaines d'expertise ou d'un découpage de l'étude en parties.
– Substituer le groupe de travail par un entretien individuel si l'emploi du temps ne permet pas la participation de certaines personnes.

Animer les groupes de travail

L'essentiel est de se concentrer sur son rôle d'animateur. L'idéal étant d'avoir avec soi une autre personne pour prendre note des informations collectées. L'échange doit avoir lieu sur la base des modèles réalisés.

Conseils

– Réguler les débats d'idées, l'objectif est la validation des modèles. Attention à ne pas partir dans la critique.
– Utiliser un projecteur informatique qui permet d'avoir une projection des modèles en grand écran.
– Fournir en plus les modèles sur papier.
– Envoyer éventuellement les modèles sur papier avant les groupes de travail pour que les acteurs préparent leurs remarques.

Croiser les résultats

Le croisement des résultats obtenus dans chacun des groupes de travail doit permettre de se rapprocher des données «vraies» de l'existant. Ce croisement peut être réalisé avec les représentants des utilisateurs qui serviront de «validateurs finaux». Si néanmoins certaines données sont encore incohérentes et si ces données sont essentielles, ne pas hésiter à retourner à la source même des entretiens.

➋

Conseils

- Réaliser des tableaux de synthèse pour les données quantitatives.
- Modifier les modèles afin de les rendre définitifs.
- Ne pas chercher une exactitude parfaite ni un niveau de détail trop élevé si cela n'apporte rien à l'étude.

Faire valider les résultats

Ce sont les représentants des utilisateurs qui vont à ce niveau prendre en compte tous les modèles définitifs pour les valider. Dans certains cas exceptionnels, certains experts peuvent participer à la validation si certains modèles fonctionnels comportent quelques données techniques.

➋

Conseils

- Faire «signer» les modèles définitifs si nécessaire et notamment dans le cas d'un travail réalisé en partenariat avec des sous-traitants.
- Ne pas laisser les experts intervenir dans des arbitrages fonctionnels même si on a besoin d'eux pour la validation technique.

Faire une synthèse de l'existant

Il s'agit à ce niveau de constituer le dossier de l'existant. Pour cela il faut répartir les éléments de préférence dans un classeur en les mettant par domaine ou par parties. Tous les éléments complémentaires doivent être mis en annexe pour faciliter la lecture et l'exploitation. Il peut être intéressant aussi de rédiger des documents de synthèse qui permettront par exemple à un décideur d'aller aux points essentiels de l'étude.

Conseils ➔

– Construire le document afin de faciliter son accès à différents niveaux de décision ou d'utilisation.
– Prévoir un système de type classeur qui permettra l'insertion d'ajouts ou de modifications éventuelles.
– Mettre en place des tableaux de synthèse et une table des matières.

Les 10 points à retenir

1. Anticiper sur l'organisation des groupes de travail au moins 2 mois à l'avance.
2. Réaliser des entretiens individuels si nécessaire plutôt que de se passer de la validation d'un acteur incontournable.
3. Demander de l'aide à un animateur «professionnel» cela permettra de se concentrer sur le contenu recueilli.
4. Mettre en place quelqu'un pour prendre des notes afin de se concentrer sur les propos et éventuellement l'animation.
5. Croiser les données quantitatives et faire des contrôles de cohérence.
6. Proposer éventuellement plusieurs voies si les produits ou services sont mis en œuvre différemment selon les utilisateurs.
7. Faire valider la synthèse aux représentants des utilisateurs en leur présentant les modèles réalisés.
8. Contractualiser si nécessaire ces modèles dans le cas d'un travail avec des sous-traitants.
9. Organiser le document contenant tous les éléments de l'existant afin de faciliter sa lecture par tous les niveaux.
10. Organiser aussi les documents électroniques de la même manière.

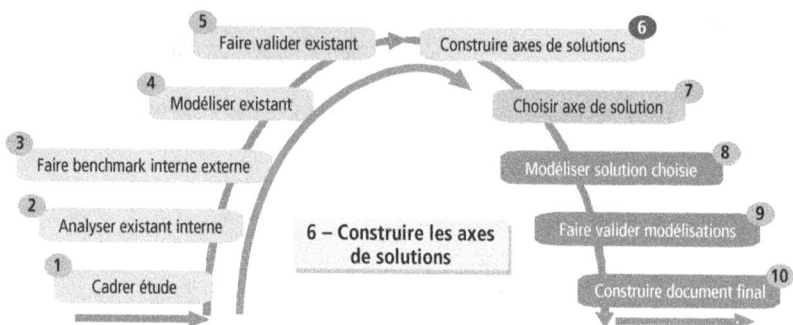

5 Faire valider existant	6 Construire axes de solutions
4 Modéliser existant	7 Choisir axe de solution
3 Faire benchmark interne externe	8 Modéliser solution choisie
2 Analyser existant interne	**6 – Construire les axes de solutions**	9 Faire valider modélisations
1 Cadrer étude		10 Construire document final

Acteurs réalisant cette fiche

analyste   animateur   représentant des utilisateurs

OUTILS DISPONIBLES	
Pour la conception d'un service	**Pour la conception d'un produit**
Groupe de travail	Groupe de travail
Dazibao	Boîte à idées
Boîte à idées	Diagramme de Pareto
Brainstorming	Brainstorming
Tableau des solutions	Tableau des solutions

Actions à entreprendre
– Définir le périmètre de la recherche. – Synthétiser les idées de solutions recueillies dans la partie analyse de l'existant. – Organiser les groupes de travail et de réflexion. – Animer les groupes de travail. – Faire la synthèse des solutions proposées.

Remarques
La créativité est essentielle à ce niveau et même si certaines idées peuvent paraître farfelues de prime abord, il faut les prendre en compte afin de ne se priver d'aucune voie de recherche.

6 Construire les axes de solutions

DÉTAIL DES ACTIONS À ENTREPRENDRE

Définir le périmètre de la recherche

La recherche de solutions est directement dépendante du temps que l'on peut y consacrer. Si ce temps est « compté » il faut réduire le périmètre de la recherche, soit en définissant un nombre réduit d'acteurs pour y participer, soit en se centrant sur certaines fonctions du produit ou service que l'on veut voir évoluer. Le planning de l'étude peut être éventuellement modifié à ce niveau si l'analyse de l'existant a démontré par exemple de grandes déficiences fonctionnelles sur certaines parties du produit ou service.

– Mettre à jour le planning de l'étude pour vérifier le dimensionnement de la phase de recherche de solutions.
– Réduire ou agrandir le périmètre en fonctions des objectifs initiaux de l'étude.

Synthétiser les idées de solutions recueillies dans la partie analyse de l'existant

L'étude de l'existant a permis, même si ce n'était pas l'objet de recueillir un certain nombre de pistes. Il faut faire le tri entre les solutions qui sont d'un niveau de détail très bas par exemple un point d'amélioration d'une fonction de celles qui sont très génériques qui touchent à tout le périmètre de l'étude.

Conseils

– Éviter de communiquer sur les pistes de solutions évoquées pendant l'étude de l'existant car elles risquent de bloquer la créativité.
– Mettre ces informations dans les tableaux qui sont prévus pour cette phase en faisant le tri en fonction du niveau de détail des solutions.

Organiser les groupes de travail et de réflexion

Comme pour tous les groupes de travail, les rendez-vous ont dû être pris à l'avance. Il faut aussi prévoir une communication en amont sur les objectifs à poursuivre afin de cadrer au maximum l'organisation des groupes de travail.

Conseils

- Privilégier 2 types d'animation : la divergence du type brain-storming et la convergence du type débat pour faire un arbitrage.
- Prévoir un découpage avec 1/3 de temps consacré à la divergence et 2/3 du temps consacrés à la convergence.

Animer les groupes de travail

L'animation du type brainstorming demande des compétences spécifiques ou au moins d'avoir déjà assisté à ce type d'animation au risque d'avoir à gérer des situations parfois pas faciles ou ne rien obtenir de pertinent. Il vaut mieux si possible confier ce style d'animation à un professionnel et se consacrer au recueil d'informations.

Conseils

- Rappeler au début de l'animation les objectifs, le plan de travail et les règles du jeu.
- Recadrer «gentiment» les acteurs qui ne respectent pas les règles du jeu. Faites participer tout le monde en animant et en diversifiant les outils d'animation.

Faire la synthèse des solutions proposées

Le plus difficile est de faire le tri entre toutes les pistes de solutions. Le premier tri est fait en fonction du niveau de détail. Ensuite le tri est fait en fonction des objectifs de l'étude, soit l'étude est très ouverte et il faudra donc faire très peu de censure et ordonnancer toutes les pistes entre elles, soit l'étude est très contrainte par des raisons budgétaires ou de planning de mise en œuvre et le tri sera fait en fonction de ces contraintes.

Conseils

– Faire éventuellement intervenir les représentants des utilisateurs pour effectuer un tri.
– Privilégier trop de solutions à un tri effectué de manière arbitraire.
– Ne pas communiquer sur les solutions retenues avant d'être passé au stade suivant (choix d'une solution).

Les 10 points à retenir

1. Réduire ou élargir le périmètre en fonction des observations de l'existant et des objectifs à atteindre.
2. Dimensionner la planification en fonction du périmètre et mettre le planning de l'étude à jour.
3. Récupérer les pistes de solutions en les triant.
4. Ne pas communiquer sur les pistes de solutions déjà trouvées afin de ne pas bloquer la créativité.
5. Organiser les groupes de travail en effectuant une communication en amont sur les objectifs, les méthodes et le timing.
6. Rappeler toujours les objectifs en démarrant le groupe de travail.
7. Prévoir des espaces d'expression dans la phase de recherche de solutions en utilisant la divergence.
8. Utiliser de préférence un animateur professionnel et non impliqué dans l'étude pour animer les brainstorming.
9. Faire un tri des solutions en demandant éventuellement la participation des représentants des utilisateurs.
10. Faire une synthèse par grandes fonctions et par niveau de détail.

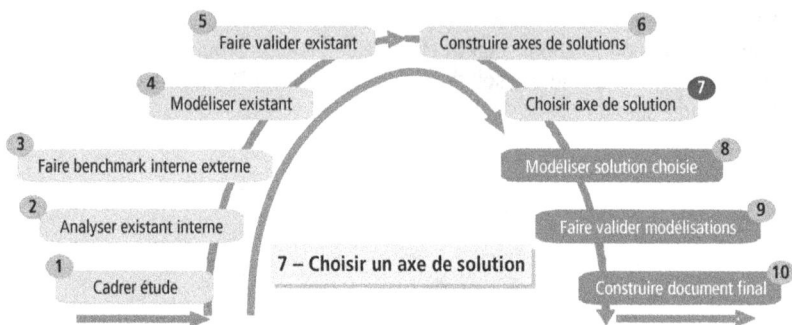

5 Faire valider existant	→	6 Construire axes de solutions
4 Modéliser existant		7 Choisir axe de solution
3 Faire benchmark interne externe		8 Modéliser solution choisie
2 Analyser existant interne		9 Faire valider modélisations
1 Cadrer étude	7 – Choisir un axe de solution	10 Construire document final

Acteurs réalisant cette fiche

analyste   décideur

OUTILS DISPONIBLES	
Pour la conception d'un service	**Pour la conception d'un produit**
Réunion de décision	Réunion de décision
Matrice multicritère	Matrice multicritère
Plan d'action	Plan d'action

Actions à entreprendre

– Préparer les documents de prise de décision.
– Obtenir la validation des experts fonctionnels et techniques.
– Mettre les propositions en mode projet.
– Animer la réunion de décision.
– Communiquer les choix et orientations de l'étude.

Remarques

Les solutions proposées doivent être validées par les experts, d'autre part leur présentation doit permettre des choix non ambigus et rapides.

7 Choisir un axe de solution

Préparer les documents de prise de décision

La non-décision est souvent le fruit d'une mauvaise préparation en amont des documents, des tableaux de synthèse et des présentations orales associées, il faut donc que l'ensemble des documents soit prêt et que les différentes options soient claires pour celui qui présente et celui qui va prendre la décision.

Conseils

– Investir le temps nécessaire pour préparer les présentations orales afin qu'elles soient très professionnelles autant dans le fond que dans la forme.
– Arriver avec un dossier parfaitement organisé qui permette s'il le faut de descendre dans le détail à l'aide des documents adéquats.

Obtenir la validation des experts fonctionnels et techniques

Les solutions qui vont être proposées au décideur doivent avoir été au préalable validées. Cette démarche évite de nombreuses discussions où validation et décision se confondent. La validation est bien sûr progressive et se fait notamment au fur et à mesure des constructions de solutions dans l'étape précédente, il s'agit d'une validation finale des documents qui vont être présentés au décideur.

Conseils

– Faire valider tous les documents qui vont être présentés sans exception, c'est aussi un acte de communication vers les experts.
– Écarter du dossier toutes les solutions non validées ou incomplètes et qui ne permettent pas la prise de décision.

Mettre les propositions en mode projet

Les décisions se prennent bien sûr à partir de critères de contenu et en l'occurrence à partir de la qualité des solutions proposées, cependant les éléments de temps et de coût seront pris en compte par le décideur. Il est donc nécessaire de mettre pour chaque solution son niveau de résultat (qualité), le calendrier de réalisation (temps) et le budget nécessaire (coût).

Conseils

– Rester au niveau macroscopique dans l'évaluation du budget et du temps et préciser ces éléments dans les documents.
– Classer éventuellement les solutions en fonction de ces 3 critères si des contraintes ont été exposées en début d'étude dans la fixation des objectifs.

Animer la réunion de décision

Le décideur a généralement peu de temps, il faut donc lui faciliter la tâche. L'animation doit être claire, synthétique et pragmatique. L'animation est directement dépendante de l'implication tout au long de l'étude de ce même décideur. Le travail d'animation sera d'autant plus important si la décision doit être prise par un comité.

Conseils

– Faire un PV qui va permettre à l'issue de la réunion d'avoir la trace immédiate des orientations prises.
– Accepter que certaines solutions soient des combinaisons des solutions proposées.
– Influencer le moins possible le comité ou le décideur et rester si possible impartial même si une solution vous semble être la meilleure.

Communiquer les choix et orientations de l'étude

Les personnes qui ont participé à l'étude et notamment dans les phases d'entretiens, sont rarement informées des suites. Il est important de prévoir une communication descendante vers ces personnes à la fois si on veut maintenir la motivation pour la suite de l'étude et à la fois si on veut les solliciter à nouveau pour une autre étude.

- Demander au décideur ce qu'il est possible de communiquer, tout ou partie des orientations prises.
- Préparer s'il le faut plusieurs niveaux de communication selon les cibles à informer en ajustant les niveaux de détail.
- Profiter de ces communications pour solliciter les acteurs dans les phases suivantes de l'étude.
- Ne pas oublier de remercier tous ceux qui ont participé à l'étude s'ils ne sont pas impliqués dans la suite.

Les 10 points à retenir

1. Mettre tout le dossier au clair et bien ordonnancé.
2. Utiliser des tableaux comparatifs en utilisant par exemple des tableaux multicritères pour présenter les différentes options.
3. Ne jamais présenter une solution non validée par les experts.
4. Séparer les réunions de validation des réunions de décision.
5. Étayer chaque solution proposée par un budget de réalisation et un planning de mise en œuvre.
6. Préciser que le planning et le budget ne sont que des premières approches et que seule la conception de solution choisie permettra la réalisation d'un budget et d'un planning détaillé.
7. Ne pas chercher à influencer le décideur ou le comité sur une solution.
8. Consigner les décisions prises dans un PV de réunion ou relevé de décision.
9. Demander le niveau de confidentialité requis au décideur sur les solutions choisies.
10. Informer et remercier ceux qui ont participé à l'étude permet de les solliciter à nouveau.

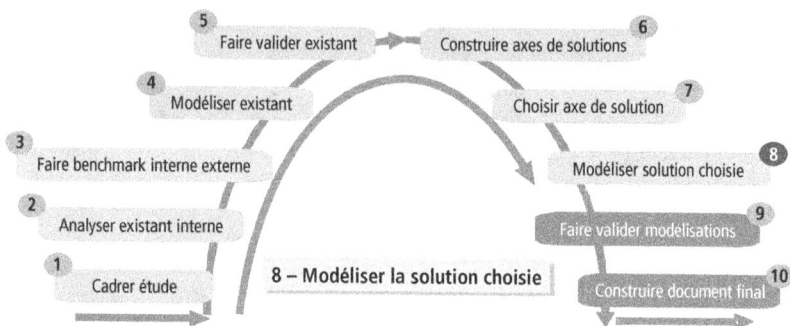

5 Faire valider existant	→	6 Construire axes de solutions
4 Modéliser existant		7 Choisir axe de solution
3 Faire benchmark interne externe		8 Modéliser solution choisie
2 Analyser existant interne		9 Faire valider modélisations
1 Cadrer étude	8 – Modéliser la solution choisie	10 Construire document final

Acteurs réalisant cette fiche
analyste   expert fonctionnel

OUTILS DISPONIBLES	
Pour la conception d'un service	**Pour la conception d'un produit**
Tableau des critères	Tableau des critères
Organigramme fonctionnel	Tableau croisé des fonctions
Tableau croisé des fonctions	Diagramme d'Ishikawa
Diagramme d'Ishikawa	Tout schéma ou dessin

Actions à entreprendre
– Prendre en compte la solution choisie par le décideur. – Choisir les modélisations appropriées. – Modéliser de manière détaillée la solution. – Modéliser de manière synthétique la solution. – Préparer les documents pour la validation.

Remarques
La modélisation de la solution doit se faire dans le même niveau de détail que l'existant afin de pouvoir présenter «l'avant» et «l'après», ceci permet de prendre en compte facilement les évolutions.

8 Modéliser la solution choisie

DÉTAIL DES ACTIONS À ENTREPRENDRE

Prendre en compte la solution choisie par le décideur

La solution choisie par le décideur est souvent une combinaison de plusieurs solutions. Il faut donc recomposer les axes de solutions choisies pour n'en faire qu'une sur le plan fonctionnel.

Conseils

- Reprendre le PV de décision et assembler les morceaux de solution choisis.
- Si nécessaire faire appel à ce niveau aux experts fonctionnels et techniques.
- Ne pas changer ou adapter les orientations choisies par le décideur ou le comité.

Choisir les modélisations appropriées

L'objectif est double : communiquer avec tous les acteurs qui vont réaliser et avoir un niveau de formalisation suffisant pour que toutes les informations nécessaires apparaissent. Les modèles utilisés pour l'existant doivent être repris afin de faciliter la lecture mais aussi de pouvoir faire la comparaison « avant » et « après ».

Conseils

- Reprendre les modèles utilisés pour l'existant et vérifier leur pertinence.
- Choisir tous les outils nécessaires à une bonne formalisation des modèles et notamment les outils informatiques.
- Demander aux experts s'ils ne détiennent pas des outils spécialisés pour modéliser.

Modéliser de manière détaillée la solution

Le niveau de détail est directement dépendant de qui va réaliser et qui va piloter la réalisation. Si la réalisation est totalement sous-traitée et que le pilote est quelqu'un qui n'a pas participé à l'étude (s'il est déjà choisi) le niveau de modélisation devra être totalement détaillé, chaque partie du modèle devra être explicitée et commenté.

Conseils

– Mettre systématiquement un glossaire des termes employés dans les modèles.
– Habiller les modèles par des explications en clair dans les documents.
– Aller dans un niveau de détail au moins aussi élevé que dans l'analyse de l'existant.

Modéliser de manière synthétique la solution

Les modèles synthétiques ne peuvent être correctement faits que lorsque les modèles détaillés ont été réalisés car ils doivent être une parfaite synthèse. Ces modèles vont permettre de comprendre l'ensemble de la solution avant de rentrer dans le détail de chaque élément, c'est le plan général de la maison avant d'avoir le plan détaillé de chaque pièce avec le positionnement des meubles.

Conseils

– Placer lorsqu'ils sont réalisés les modèles synthétiques avant les modèles détaillés dans le document afin de faciliter la lecture.
– Classer ensuite les solutions par leur niveau de détail si on utilise plusieurs modélisations pour un même niveau de détail.

Préparer les documents pour la validation

Le document est constitué des différents modèles qui doivent être ordonnancés pour faciliter la lecture et la validation, ainsi il peut être utile de prévoir des annexes pour des «zooms» très détaillés sur certains points et ainsi alléger le document central. Le document n'étant pas validé, utiliser de préférence un classeur qui va permettre aux experts de réorganiser s'ils le souhaitent le document.

Conseils

– Réaliser un premier prototype du document final avec par exemple des systèmes d'intercalaires ou d'onglets.
– Se mettre à la place des futurs lecteurs pour construire le prototype.

Les 10 points à retenir

1. Combiner les différentes parties de solutions choisies par le décideur sans «déformer» ce qui a été choisi.
2. Faire valider si nécessaire la combinaison par les experts.
3. Prendre les mêmes modèles pour la conception que pour l'analyse de l'existant.
4. Ajouter tout modèle qui permettrait une meilleure compréhension de la description choisie, il vaut mieux trop de modèles que pas assez à condition d'avoir une cohérence globale.
5. Aller très loin dans le détail si la réalisation de la solution doit être sous-traitée.
6. Ajouter un glossaire de tous les termes utilisés dans les modèles.
7. Prévoir des modèles de synthèse afin d'avoir une vue globale de la solution avant d'entrer dans le détail.
8. Mettre des références (par exemple des numérotations) qui permettent de naviguer de la synthèse vers le détail.
9. Organiser les documents qui vont être validés afin de pouvoir les ré-assembler différemment.
10. Ne pas communiquer le document «prototype» avant sa validation définitive.

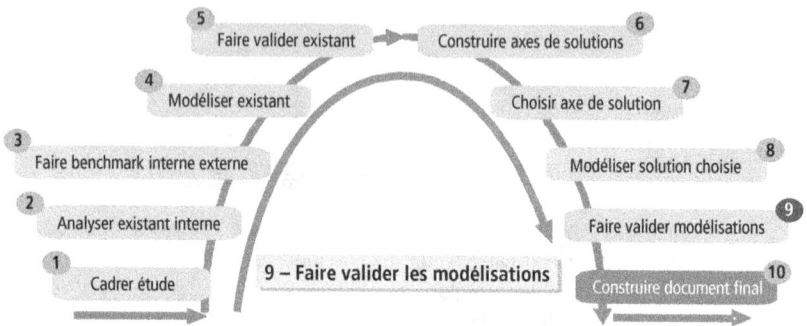

5 Faire valider existant	6 Construire axes de solutions
4 Modéliser existant	7 Choisir axe de solution
3 Faire benchmark interne externe	8 Modéliser solution choisie
2 Analyser existant interne	9 Faire valider modélisations
1 Cadrer étude	9 – Faire valider les modélisations	10 Construire document final

Acteurs réalisant cette fiche

analyste   représentant des utilisateurs   expert technique

OUTILS DISPONIBLES

Pour la conception d'un service	Pour la conception d'un produit
Groupe de travail Plan d'action Réunion de décision	Groupe de travail Plan d'action Réunion de décision

Actions à entreprendre

– Organiser les groupes de travail.
– Animer les groupes de travail.
– Croiser les résultats.
– Faire valider les résultats.
– Communiquer au décideur la solution développée.

Remarques

La validation des modèles est une étape d'autant plus importante si la réalisation effective est sous-traitée. Cela veut dire que les modèles doivent pouvoir être compris par une personne n'ayant pas participé à l'étude.

9. Faire valider les modélisations

DÉTAIL DES ACTIONS À ENTREPRENDRE

Organiser les groupes de travail

Comme pour les autres groupes de travail il est nécessaire d'anticiper au maximum pour réussir à obtenir des dates communes. Dans ces groupes il faut privilégier l'hétérogénéité des compétences afin d'avoir plusieurs modes de lecture des documents, ainsi il est bon d'avoir des utilisateurs avertis et débutants ainsi que des experts techniques qui vont se mettre à la place des experts qui vont réaliser la solution.

– Si la solution va être réalisée en interne, demander à ceux qui vont y participer de venir dans les groupes de travail.
– Organiser si nécessaire des groupes «de niveau» afin que les groupes de travail puissent fonctionner de manière homogène.
– Prévoir une duplication des documents pour chacun et un système de projection afin de pouvoir échanger.

Animer les groupes de travail

Il faut préciser les objectifs avant de démarrer et notamment avertir les participants qu'il ne s'agit pas de remettre en cause les axes de solutions mais bien de valider ce qui a été formalisé pour transmission à ceux qui vont réaliser. L'animation est plus simple et plus cadrée que pour des groupes de travail de créativité, elle doit surtout être plus structurée.

– Faites intervenir tout le monde dans le groupe de travail de l'expert au plus novice des utilisateurs.
– Assurez-vous que les participants ont lu les documents décrivant la solution et au besoin commencez le groupe de travail par un passage en revue des documents.

Croiser les résultats

Si on a organisé plusieurs groupes de travail et si le document est volumineux, le travail de consolidation peut être conséquent et notamment lorsqu'il y a beaucoup de détails, ne négligez donc pas la charge de travail inhérente à cette phase.

Conseils

- Faire une synthèse de toutes les remarques émanant des groupes de travail en utilisant des tableaux.
- Informez les acteurs qui ont participé si vous faites des arbitrages entre les validations proposées.

Faire valider les résultats

C'est un groupe de travail restreint qui va valider la dernière version des modèles. L'idéal étant de n'avoir en tout pas plus de 3 ou 4 personnes afin d'aller vite et de pouvoir limiter l'animation. C'est la touche finale aux différents modèles, c'est aussi à ce moment que va être préparé le document qui va être remis au décideur.

Conseils

- Impliquer au minimum l'expert technique et le représentant des utilisateurs dans la validation finale.
- Imprimer si nécessaire les documents en couleurs afin de s'approcher du document final.
- Soigner la présentation même si ce n'est pas encore le document final.

Communiquer au décideur la solution développée

Le décideur ne souhaitera sûrement pas rentrer dans le détail mais il faut lui communiquer le document validé afin qu'il soit impliqué dans le processus global. Il faut, s'il le souhaite, prendre le temps de lui expliquer comment les axes de solutions ont été déclinés en lui commentant les documents.

Conseils

– Éviter de simplement envoyer les documents sans prendre le temps de les expliquer en face à face.
– Se faire éventuellement accompagner d'un expert technique si certaines solutions nécessitent des explications plus pointues ou si le décideur est lui-même demandeur.

Les 10 points à retenir

autant dans les experts que chez les utilisateurs.

2. Organiser néanmoins des groupes de travail homogènes afin de faciliter les échanges.
3. Rappeler les objectifs de validation avant de lancer chaque groupe de travail.
4. Structurer les groupes de travail dans leur déroulement avec un timing précis et des résultats attendus.
5. Assembler les résultats des groupes de travail en veillant à la parfaite cohérence des éléments entre les différents modèles.
6. Informer les acteurs des modifications qui n'ont pas été retenues.
7. Faire une validation finale avec un groupe de travail restreint qui effectuera une dernière relecture.
8. Préparer le document final notamment dans sa forme pour la validation au décideur.
9. Impliquer le décideur en lui communiquant et commentant le document final.
10. Se faire accompagner éventuellement chez le décideur par un expert technique.

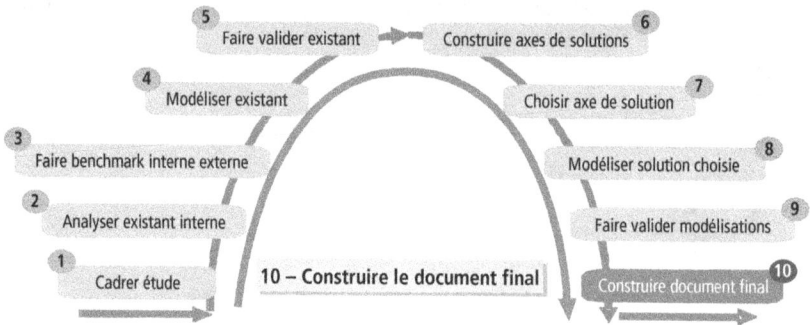

| 5 Faire valider existant → 6 Construire axes de solutions |
| 4 Modéliser existant — 7 Choisir axe de solution |
| 3 Faire benchmark interne externe — 8 Modéliser solution choisie |
| 2 Analyser existant interne — 9 Faire valider modélisations |
| 1 Cadrer étude — **10 – Construire le document final** — 10 Construire document final |

Acteurs réalisant cette fiche
analyste   rédacteur

OUTILS DISPONIBLES	
Pour la conception d'un service	**Pour la conception d'un produit**
Matrice du document final	Matrice du document final

Actions à entreprendre

– Collecter et ordonnancer tous les éléments pouvant constituer le document.
– Construire le plan du document.
– Construire le document.
– Insérer les annexes et le glossaire.
– Valider la version finale.

Remarques

Le cahier des charges est le reflet de tout le travail d'analyse, il faut réserver le temps nécessaire pour réaliser ce rédactionnel correctement d'autant plus que son exploitation peut ne pas être immédiate.

10 Construire le document final

Collecter et ordonnancer tous les éléments pour constituer le document

Les éléments du document existants à ce stade sont : toutes les modélisations de l'existant, les modélisations de la solution future, les éléments de cadrage global du projet, les relevés de décision ou de validation ainsi que les différentes annexes construites dans les étapes précédentes. Cette démarche est d'autant plus longue qu'un grand nombre d'acteurs a participé à l'étude.

Conseils
- Veiller à détenir toutes les dernières versions des différents documents surtout s'ils ont été répartis entre plusieurs acteurs.
- Trier les documents dans l'ordre des phases de l'étude en respectant la chronologie.

Construire le plan du document

Le plan est directement dépendant de la complexité de l'étude et des destinataires. Si le document est à destination interne, le cadrage et la présentation du contexte de l'étude pourra être succincte, il en est de même pour l'analyse de l'existant. Toutefois il vaut mieux avoir un document qui est trop explicite car cela facilite la compréhension.

Conseils
- S'interroger sur le niveau de connaissance de ceux qui vont utiliser le document aussi bien sur le sujet que sur les aspects techniques et fonctionnels.
- Éviter de penser systématiquement que si l'utilisateur du document est interne il est nécessairement au fait des objectifs, du contexte, et de l'existant.

Construire le document

Il s'agit à ce niveau de créer le liant entre tous les éléments rassemblés afin de faciliter la lecture. Il faut utiliser des phrases courtes en bannissant tout style littéraire.

Conseils

– Ne pas négliger la forme, l'emballage fait partie du cadeau.
– Utiliser les points, les listes et les tirets pour aérer le texte.
– Mettre en place si nécessaire un résumé en tête de chaque partie du document afin d'avoir plusieurs niveaux de lecture.

Insérer les annexes et le glossaire

Afin de faciliter la lecture il faut indexer les annexes dans le document dans un système de cross referencement. Les annexes doivent être classées par type et placées en fin du document. Le glossaire peut être situé en bas de page lorsqu'un mot nouveau apparaît, mais pour ce style de document qui va généralement servir de cahier des charges il vaut mieux créer un glossaire en fin de document.

Conseils

– Éviter de noyer le glossaire dans les annexes car on peut avoir besoin d'y faire référence souvent si le vocabulaire est nouveau pour le lecteur ou complexe.
– Numéroter les annexes une par une et ensuite les regrouper par grands thèmes eux aussi numérotés.

Valider la version finale

L'idéal pour la validation finale est de demander à quelqu'un qui n'a pas du tout participé à l'étude, sa compréhension du document sera généralement révélatrice de sa clarté et de son efficacité. Une dernière relecture informatique pourra être aussi utile. Si le document est transmis sous forme électronique il pourra être utile de compiler tous les fichiers sous un même outil de type Acrobat Reader plutôt que de transmettre au lecteur une kyrielle de fichiers.

- Faire plusieurs sauvegardes informatiques du document final avant de le transmettre.
- Si les documents électroniques contiennent de nombreuses images compresser les fichiers avant de les transmettre.
- Vous assurer de la compatibilité PC-MAC éventuelle pour l'exploitation des fichiers.
- Imprimer un document complet afin de visualiser sa forme même s'il est envoyé uniquement sous forme électronique.

Les 10 points à retenir

1. Rassembler tous les éléments en s'assurant que ce sont les dernières versions.
2. Utiliser pour fabriquer le document final un maximum de dessins, schémas modèles réalisés pendant l'étude permet de gagner du temps.
3. Adapter le plan en fonction de la cible du document et notamment sur les parties cadrage, contexte et étude de l'existant.
4. Réaliser le plan dans l'ordre chronologique de l'étude.
5. Aérer la présentation du document en utilisant tous les outils et moyens de mise en forme (puces, gras, souligné, couleur…).
6. Commenter les modèles avec des phrases courtes et en allant droit au but.
7. Mettre en place une organisation simple à exploiter pour le lecteur qui va naviguer entre le corps même du document, les annexes et le glossaire.
8. Classer les annexes par thème en les numérotant.
9. Faire une correction orthographique du document final.
10. Faire relire le document final par quelqu'un d'extérieur à l'étude.

Chapitre 2
25 OUTILS D'ANALYSE

MODE D'EMPLOI

Ce chapitre est destiné à ceux qui veulent mettre en œuvre l'analyse du besoin. Vous pouvez soit avoir lu le premier chapitre et mettre en œuvre les outils dans l'ordre dans lequel ils sont indiqués dans la méthode, soit vous constituer votre propre méthode en assemblant les outils à votre guise.

DESCRIPTION DÉTAILLÉE DU CHAPITRE

Vous trouverez dans ce chapitre :
- La description de tous les outils cités dans le chapitre 1.
- Pour chaque outil vous trouverez un mode d'emploi qui contient les éléments suivants :
- Une description de l'outil dans la rubrique « Qu'est-ce que c'est ? »
- Les finalités de l'outil dans la rubrique « À quoi cela sert ? »
- Un mode d'emploi dans la rubrique « Quelle est la méthode ? »
- Les forces et les faiblesses de l'outil dans la rubrique « Quels sont les avantages et les inconvénients ? »
- Des conseils de mise en œuvre de la matrice du document inclus dans la rubrique « Comment utiliser le document ? ». À télécharger sur www.editions-organisation.com

POINTS IMPORTANTS

Ce chapitre nécessite d'avoir compris la logique de l'analyse du besoin, car la réussite tient plus dans la méthode que les outils.

Les outils présentés sont des bases de travail, ils peuvent être personnalisés pour s'adapter à chaque cas. La personnalisation d'un outil est souvent synonyme d'appropriation.

Il vous est aussi possible avec l'expérience de vous créer vos propres outils afin d'enrichir votre «boîte à outils» mais aussi d'ouvrir votre spectre d'analyse.

Ce qu'il faut retenir :

Le respect de la logique globale est le point le plus important. L'analyse du besoin c'est surtout une logique qu'il faut respecter afin de ne rien oublier. Les outils servent aussi de check list afin d'éviter les oublis et de faciliter la réflexion.

LES OUTILS ET LA MÉTHODE

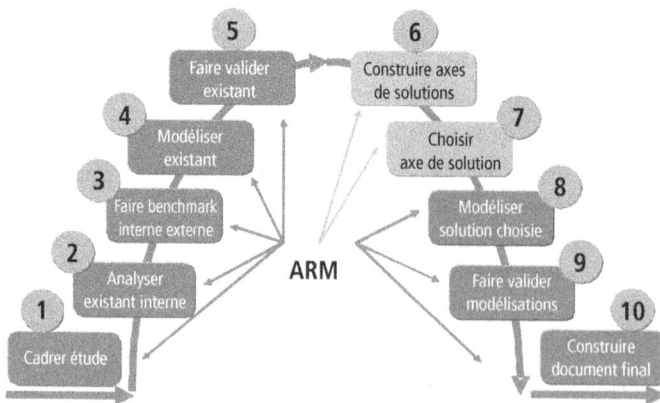

Les outils sont utilisés aux étapes suivantes de la méthode.

NOM de l'outil	ÉTAPES où l'outil est utilisé
1. Note de cadrage	1
2. Répartition des rôles et des tâches	1
3. Entretien	2
4. Modèle du poste de travail	2
5. QQOQCPC	2
6. Fiche d'auto pointage	2
7. Questionnaire	2, 3
8. Feuille d'analyse	2
9. Tableau de répartition des tâches ou des fonctions	3
10. Graphe d'environnement	2, 3
11. Diagramme FAST	2
12. Tableau des critères	4, 8
13. Organigramme	4, 8
14. Tableau des critiques	2, 3
15. Tableau croisé des fonctions	4, 8
16. Groupe de travail	5, 6, 9
17. Diagramme d'Ishikawa	4, 8
18. Tableau des solutions	6
19. Matrice multicritère	7
20. Réunion de décision	5, 7, 9
21. Plan d'action	5, 7, 9
22. Brainstorming	6
23. Boîte à idées	6
24. Dazibao	6
25. Diagramme de Pareto	6

1 Note de cadrage

QU'EST-CE QUE C'EST ?

Outil permettant d'effectuer le cadrage d'un projet et de définir au mieux l'ensemble des objectifs fixés entre un commanditaire et un chef de projet.

À QUOI CELA SERT ?

- Formaliser les objectifs exprimés par le commanditaire en objectifs opérationnels.
- Appréhender le contexte en précisant les facteurs internes et externes environnementaux.
- Contractualiser les différents acteurs du projet.
- Servir de référentiel sur tout le déroulement du projet.

Cet outil est déterminant pour la réussite d'un projet quel qu'il soit, il est incontournable et doit rester un document vivant susceptible d'être mis à jour pendant toute la durée d'un projet.

Inutile de démarrer un projet sans note de cadrage et ce, quelle que soit la taille du projet.

Dans quels cas utilise-t-on cet outil ?

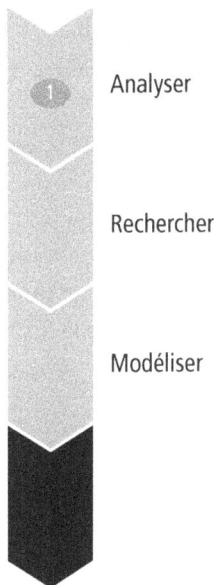

1 Analyser

Rechercher

Modéliser

QUELLE EST LA MÉTHODE ?

1 – Rencontrer le commanditaire

Faire formuler les objectifs à atteindre

- Lui demander sa perception du but à atteindre.

- Demander la déclinaison du but en objectifs opérationnels et si possible chiffrés.
- Reformuler les objectifs de manière à s'assurer d'une compréhension mutuelle.

Faire formuler les éléments du contexte

- Récupérer tout l'historique du projet.
- Rechercher les motifs et les déclencheurs du projet.
- Appréhender tous les éléments du contexte technique et/ou humain du projet.

2 – Formaliser le cadrage du projet

Renseigner le document note de cadrage

- Reprendre les notes prises au cours de l'entretien et les insérer dans la note de cadrage.
- Ajouter les questions éventuelles pour les points à clarifier.
- Envoyer le document au commanditaire.
- Prendre un nouveau rendez-vous pour validation définitive du document.

QUELS SONT LES AVANTAGES ET INCONVÉNIENTS ?

Avantages	Inconvénients
– Oblige à aborder tous les points du cadrage du projet sans rien oublier.	– Nécessite de la part du commanditaire du temps pour échanger sur les objectifs.
– Amène une formulation écrite des objectifs à poursuivre sur des petits projets où l'on ne formalise pas nécessairement.	– Oblige à gérer les différentes versions au fur et à mesure des évolutions dans les objectifs.
– Sert de référence pendant tout le projet en cas de litige.	

COMMENT UTILISER LE DOCUMENT ?

But du projet	Reformuler brièvement le but exprimé par le commanditaire

Études ou réalisations préalables	Indiquer les diverses études ou réalisations qui ont été traitées antérieurement sur le même thème

Déclencheurs du projet	Préciser les événements qui sont à l'origine de ce projet (facteurs humains, matériels, environnement concurrentiel…)

Contexte du projet	Décrire les facteurs internes et externes permettant d'appréhender le périmètre du projet

Liste des livrables attendus	Lister très concrètement et de manière opérationnelle les fonctionnalités ou critères de performance que devront remplir les livrables attendus. Indiquer éventuellement les contraintes associées aux livrables

Contexte du projet	Indiquer la structure projet en identifiant les acteurs (Commanditaire, chef de projet, experts…) : – Impliqués et concernés par le projet – Sollicités au cours du projet

Macroplanning du projet			**Macroplanning de charge du projet**		**Budget prévisionnel du budget (en K€)**
Dénomination des phases	Date de début de projet	Date de fin de projet	Ressources internes	Ressources externes (en jours*hommes)	

Lister les principales phases nécessaires à la réalisation du projet en indiquant, pour chacune des phases, les dates de début et de fin de projet

Avant cela, le chef de projet doit réfléchir sur quelle démarche à mettre en œuvre lors de la phase de pilotage en vue d'atteindre les objectifs du projet

Pour chacune des phases identifiées précédemment, évaluer la charge totale en jours* hommes des ressources internes et externes

Indiquer le budget alloué pour la réalisation des grandes phases
Rappel : budget = somme des coûts des ressources humaines + somme des achats = somme des coûts des ressources matérielles

Pour la mise à jour du total des charges et du budget, il suffit de sélectionner les cellules et d'appuyer sur F9 ou d'aller dans le menu "Outil", "Options", onglet "Impression" et cocher "Mettre à jour les champs"

Objectifs à renégocier	Lister les objectifs devant faire l'objet d'une renégociation auprès du commanditaire en termes de coût, qualité et temps

Destinataires de la note de cadrage	Lister tous les acteurs et instances : – Impliqués dans le déroulement du projet – À tenir informés

Documents joints	Lister tous les documents qui seront annexés à cette note de cadrage pour détailler ou étayer certains points tels que les études réalisées, le cahier des charges…

Conseils

– Prendre le temps d'élaborer ce document : **le temps passé à la clarification du projet est un gain de temps pour la suite du projet !**
– Multiplier les entretiens et faire plusieurs versions si nécessaire car la note de cadrage sert à la fois de document de gestion et de communication (attention aux informations sensibles !).
– Rester synthétique ! Mettre tous documents complémentaires en annexe.
– Faire attention à ce que le document soit compréhensible par tous (faire un glossaire pour les termes techniques ou sigles employés).
– Bien préciser qu'à cette étape de la méthodologie, les macro-plannings ci-joints ne constituent pas un engagement contractuel car les marges d'erreurs importantes sont probables. Seule la planification détaillée peut constituer un réel engagement.

2 Répartition des rôles et des tâches

QU'EST-CE QUE C'EST ?

Dans quels cas
utilise-t-on cet outil ?

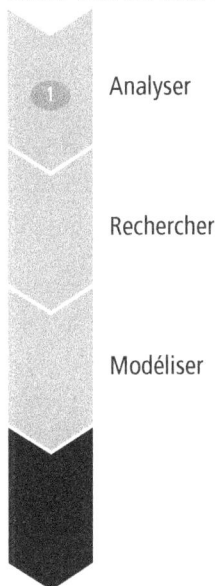

Outil permettant de définir en fonction du calendrier les tâches à réaliser et les ressources nécessaires pour les réaliser.

Cet outil peut être assimilé à un planning détaillé.

Analyser

Rechercher

À QUOI CELA SERT ?

Modéliser

- Ordonnancer les différentes actions du projet dans le temps.
- L'utiliser en tant que tableau de bord lors du pilotage du projet afin de :
  - suivre le degré d'avancement des travaux
  - visualiser les tâches à réaliser et effectuées
  - connaître la consommation des ressources pour répartir ou réajuster les affectations
  - maîtriser et prévoir les éventuels risques de dérapages.

QUELLE EST LA MÉTHODE ?

1 – Définir ce qu'il faut faire pour arriver au résultat

Construire le road book du projet

- Reprendre le macroplanning inclus dans la note de cadrage.
- Décomposer en tâches élémentaires les macrotâches du macroplanning.

- Faire abstraction du calendrier en se préoccupant uniquement des tâches à réaliser.
- Raisonner en terme de résultats à obtenir (notion de livrable).

Définir les durées et les charges de travail

- Pour chacune des tâches élémentaires indiquer la durée nécessaire pour leur accomplissement en tenant compte des contraintes imposées au projet.
- Indiquer pour chaque tâche élémentaire la charge de travail (exprimée en j*h) nécessaire pour sa réalisation.

2 – Définir les ressources nécessaires au projet

Définir les ressources humaines

- Lister les compétences nécessaires pour réaliser chaque tâche élémentaire du projet.
- Regarder les ressources internes ou externes disponibles pour réaliser le projet.

Définir les ressources matérielles et le budget

- Faire la liste des ressources matérielles nécessaires à la réalisation de chaque tâche élémentaire.
- Calculer le budget de chaque tâche et le budget total du projet.

3 – Communiquer et valider le planning

Faire valider le planning aux participants

- S'assurer de la disponibilité de chacun des participants aux dates prévues.
- Trouver des solutions de remplacement en fonction des contraintes du projet et des personnes.
- Mettre à jour le document en fonction de tous les éléments.

Communiquer le planning

- Faire une version définitive du planning.
- Communiquer la dernière version du planning à tous les participants.

Quels sont les avantages et inconvénients ?

Avantages	Inconvénients
– Oblige à réfléchir à toutes les étapes nécessaires à la réalisation du projet.	– Nécessite de comprendre les bases de la logique de planification.
– Implique de la rigueur dans l'organisation du travail à produire.	– Oblige à réserver du temps pour la mise à jour au fur et à mesure de l'avancement.
– Permet d'avoir une représentation graphique du travail à réaliser et d'échanger sur ce travail.	– Logique parfois mal comprise par certains acteurs.

Comment utiliser le document ?

Nom de la tâche Désigner toutes les tâches à réaliser pour atteindre les résultats escomptés. Distinguer les tâches de préparation, de pilotage et de bilan. Si nécessaire, insérer des lignes supplémentaires sur la feuille Excel pour obtenir un planning exhaustif

Début
Fin Saisir les dates de début et de fin pour chaque tâche

Durée Affecter le nombre de jours travaillés pour accomplir la tâche

Ressources Préciser dans la cellule l'identifiant (nom ou code) de la ressource (humaine ou matérielle) affectée à l'accomplissement de la tâche sélectionnée

Livrables Indiquer les résultats concrets à l'issue de la réalisation de la tâche

Charge Indiquer le nombre total de jours pour l'ensemble des ressources affectées à la réalisation de la tâche

Nom de la ressource	Code	Coût	Service	Disponibilité

Indiquer le nom et le code de la ressource codifiée (humaine ou matérielle)

Indiquer le coût par jour de la ressource

Préciser le service d'origine de la ressource mobilisée

Indiquer la disponibilité de la ressource :
– soit en pourcentage (temps disponible/ temps global)
– soit en nombre de jours disponibles

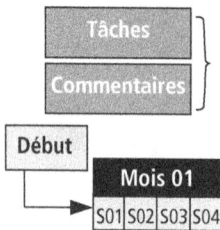

Tâches

Commentaires

Lister les tâches nécessitant des explications sur leur contenu et les expliciter dans la colonne « Commentaires »

Début

Mois 01

S01 | S02 | S03 | S04

Une fois que la date du début du projet a été saisie dans la cellule correspondant à ligne « Début de projet », le libellé des mois s'affichent automatiquement pour un projet d'une durée inférieure ou égale à six mois. Pour une durée supérieure à six mois, insérer des colonnes supplémentaires

Pour chaque tâche identifiée, griser les cellules qui correspondent à la durée de la tâche pour obtenir un visuel de l'ensemble des tâches à réaliser sur le calendrier du projet

Conseils

Pour élaborer et mettre en œuvre le planning :
– Intégrer les données dans le planning (tâches, durées, liens, charges et ressources) qui doivent être fournies par les experts
– Réaliser le planning en commun avec les experts, puis le faire valider par le commanditaire, voire le comité de pilotage
– Enrichir ce document pour qu'il soit le plus précis possible (prise en compte des contraintes techniques et des risques éventuels)
– Comme le planning est également un outil de pilotage, être rigoureux dans son utilisation, notamment pour les mises à jour régulières en fonction du reporting effectué par les acteurs du projet

Pour caractériser les tâches :
– Faire une liste exhaustive des tâches à réaliser pour mener à bien le projet
– Désigner les tâches par des verbes d'action (faire, réaliser…)
– Ne pas confondre durée, charge et délai : Durée : exprimée en jours travaillés; Charge : exprimée en jours × hommes; Délai : exprimé en jours, il correspond à l'écart entre les dates de fin et de début de la tâche

3 Entretien

Qu'est-ce que c'est ?

Technique de recueil de l'information qui se déroule dans une relation de face à face.

On distingue :

- **L'entretien non directif** : Il repose sur une expression libre de l'enquêté à partir d'un thème qui lui a été soumis par l'enquêteur. L'enquêteur se contente alors de suivre et de noter la pensée de l'enquêté sans poser de questions.

- **L'entretien directif** : Ce type d'entretien s'apparente sensiblement au questionnaire si ce n'est que la transmission se fait verbalement plutôt que par écrit.

- **L'entretien semi-directif** : Il porte sur un certain nombre de thèmes qui sont identifiés dans un guide d'entretien préparé par l'enquêteur.

C'est le type d'entretien qui est présenté dans cette fiche outil car il est le mieux adapté à l'étude des phénomènes et problématiques liés au travail ainsi qu'aux missions d'analyse.

Dans quels cas utilise-t-on cet outil ?

2 Analyser

Rechercher

Modéliser

À quoi cela sert ?

- Obtenir des informations, perceptions, sentiments, attitudes ou opinions de la part de l'enquêté.
- Comprendre ce que les personnes pensent ou peuvent penser sur un sujet.
- Approfondir des points importants.
- Initialiser une démarche participative.

QUELLE EST LA MÉTHODE ?

1 – La préparation de l'entretien

Définition du cadre

- Les objectifs.
- Les informations déjà disponibles sur le sujet.
- Les informations et éventuellement les documents que l'on cherche à obtenir.
- La liste des personnes à interroger (nombre limité mais représentatif de personnes).
- Le planning des entretiens.
- Pour déterminer la liste des personnes, on peut s'appuyer sur un premier entretien avec un responsable.

Préparation du guide d'entretien

- Préparer un guide de l'entretien basé sur les grands thèmes à aborder.
- Utiliser éventuellement l'outil QQOQC pour lister ces thèmes.
- Rédiger les questions de manière à interroger l'interlocuteur sur chaque thème, en appliquant le principe FOCA :
  - Quels sont les Faits ? (objectivité).
  - Quelle est votre Opinion ? (subjectivité)
  - Que faudrait-il Changer ? (suggestions)
  - Quelles Actions avez-vous entreprises ? (attitude face au changement)

2 – La réalisation de l'entretien

Mise en confiance de l'interlocuteur

- Choisir un lieu qui permet de préserver la convivialité et la confidentialité.
- Se faire éventuellement présenter par le responsable de l'entité.
- Exprimer clairement le cadre et l'objectif de l'entretien.
- Présenter le plan et la durée de l'entretien.
- Annoncer si besoin est, que des copies de certains documents pourront être demandées.
- Informer l'interlocuteur sur le fait qu'un compte rendu lui sera soumis pour validation à la suite de l'entretien.

• Prévoir si nécessaire les règles de confidentialité.

• Obtenir l'accord de l'interlocuteur sur le fonctionnement proposé.

Conduite de l'entretien

• Créer un climat favorable par une attitude d'ouverture et d'écoute.

• Conduire l'entretien à l'aide du guide.

• Prendre des notes détaillées et précises.

• Commencer avec des questions ouvertes pour favoriser l'expression de la personne.

• Compléter par des questions fermées de façon à obtenir certaines précisions.

• Utiliser la reformulation pour vérifier et faire préciser les informations.

• Permettre à l'interlocuteur de faire le point sur l'avancement de l'entretien :

– Par des reformulations sur les aspects importants et complexes.

– Par des synthèses à l'issue de chacune des parties importantes.

• Écouter, ne jamais porter de jugement.

• Adapter la conduite de l'entretien à l'interlocuteur.

• La durée de l'entretien ne doit pas dépasser 2 heures.

Synthèse de l'entretien avec la personne

• Faire la synthèse pour l'interlocuteur de ce qui a été dit lors de l'entretien.

• Rappeler la suite qui sera donnée à sa contribution.

3 – Suivi de l'entretien

• Relire les notes le plus tôt possible après l'entretien.

• Rédiger le compte rendu très rapidement.

• Faire valider le compte rendu par l'interlocuteur en lui demandant, si besoin est, des informations complémentaires.

• Exploiter l'entretien le plus rapidement possible.

QUELS SONT LES AVANTAGES ET INCONVÉNIENTS ?

Avantages	Inconvénients
– Obtenir et vérifier des informations en direct.	– Générer une charge de travail importante.
– Permettre l'implication des interlocuteurs.	– Nécessité de compléter par d'autres informations.
– Favoriser l'émergence d'idées.	

COMMENT UTILISER LE DOCUMENT ?

Indiquer
– Intitulé du projet
– Date de l'entretien
– Objectifs de l'entretien
– Nom et fonction de l'interlocuteur

Indiquer les thèmes abordés au cours de l'entretien

Indiquer les questions et les réponses recueillies durant l'entretien

4 Modèle du poste de travail

Qu'est-ce que c'est ?

Représentation graphique permettant d'analyser toutes les composantes d'un poste de travail qu'il soit industriel ou administratif.

Check-list des points à analyser de manière plus ou moins approfondie dans le cadre de la mise à plat, de la construction ou de l'amélioration d'un poste de travail.

À quoi cela sert ?

- Construire un poste de travail en fonction d'objectifs à atteindre.
- Analyser un poste de travail existant en vérifiant tous les points le constituant.
- Faire un diagnostic sur les principaux dysfonctionnements d'un poste de travail.
- Comprendre la logique globale d'un poste de travail tout en zoomant sur un des points le constituant en vue de le critiquer ou de l'améliorer.

Dans quels cas utilise-t-on cet outil ?

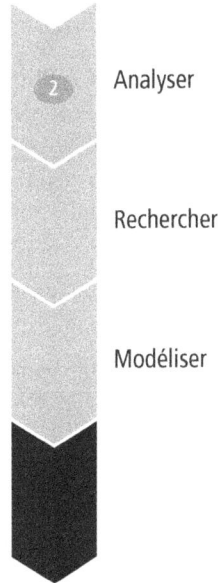

2 Analyser

Rechercher

Modéliser

Quelle est la méthode ?

1 – Faire la liste des éléments entrant dans le poste de travail
- Lister les informations qui sont injectées dans le poste de travail par tous les moyens possibles (informatique, documents papiers…).

- Lister tous les objets qui entrent dans le poste de travail et qui vont être transformés par le poste (matières et objets).

2 – Faire la liste des éléments sortant du poste de travail

- Lister les informations qui ressortent du poste de travail par tous les moyens possibles (informatique, documents papier, journaux…).
- Lister tous les objets qui sortent du poste de travail et qui peuvent avoir été transformés par le poste (matières et objets).

3 – Décrire le process ou processus

- Faire la liste des tâches, activités qui ont transformé les informations ou objets entrants en informations ou objets sortants.
- Décliner les activités et les tâches en fonction des missions et des objectifs du poste de travail.
- Mesurer si nécessaire les temps d'exécution de chacune des tâches.

4 – Lister les fonctions externes occupées par le titulaire du poste

- Lister toutes les activités remplies par le titulaire du poste, qui sont prises sur son temps de travail mais qui ne font pas partie des missions et objectifs principaux du poste (participation à des projets, participation à des associations internes à l'entreprise…).
- Calculer les temps consacrés à ces fonctions externes en % du temps de travail global.

5 – Faire la liste de tous les moyens

- Décrire tous les moyens mis à disposition pour effectuer les tâches sur le poste (ordinateurs, bureaux, machines…).
- Définir l'état (bon, moyen, mauvais) de chacun des moyens.
- Critiquer les moyens en fonction des objectifs à poursuivre sur le poste (adaptés, obsolètes, inadaptés…).

6 – Faire la liste de toutes les informations stockées sur le poste de travail

- Lister toutes les informations stockées électroniquement.
- Lister toutes les informations sous format papier.
- Lister les informations détenues dans la mémoire de l'opérateur.

7 – Définir toutes les sources de formation ou d'information

- Lister les moyens mis en place pour maintenir le titulaire du poste en condition opérationnelle (formations, informations périodiques…).

- Faire une critique de ces moyens en fonction de la mission et des objectifs.

8 – Lister les éléments concernant l'opérateur

- Définir les niveaux de compétence requis pour occuper le poste.
- Définir les niveaux de compétence actuels.
- Analyser le décalage éventuel.
- Lister toutes les caractéristiques de la personne occupant le poste (diplômes, formations, savoir-faire, savoir-être…).

9 – Comparer la situation idéale avec la situation actuelle

- Faire un tableau comparant le descriptif du poste idéal pour remplir les objectifs avec les éléments effectivement observés.
- Utiliser les éléments recueillis lors d'un entretien avec l'opérateur pour compléter ce tableau.

QUELS SONT LES AVANTAGES ET INCONVÉNIENTS ?

Avantages	Inconvénients
– Donne une check list complémentaire du QQOQCPC pour analyser un poste.	– N'est souvent qu'une base de départ qui doit être complétée par d'autres outils pour approfondir les thèmes observés.
– Permet d'avoir un début de visuel du poste qui peut être réutilisé dans une analyse de processus.	– Pas nécessairement facile à utiliser sur des postes de travail avec beaucoup de créativité et peu de tâches répétitives.
– C'est une base de travail qui permet d'approfondir tous les aspects du poste (processus, fiche de poste, ergonomie…).	

COMMENT UTILISER LE DOCUMENT ?

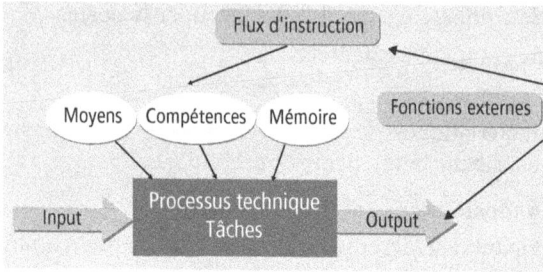

Flux d'instruction

Moyens — Compétences — Mémoire

Fonctions externes

Input → Processus technique / Tâches → Output

Cliquer sur les éléments que vous souhaitez renseigner

Si vous souhaitez revenir à ce schéma, cliquer sur le bouton « retour au modèle de poste »

INPUT		PROCESSUS TECHNIQUE	OUTPUT	MOYENS
nput 1		Tâche 1		
		Tâche 2		
		Tâche 3		

Indiquer les composantes pour mener à bien la réalisation des missions et activités liées au poste :
– Les éléments entrants/input
– Les tâches process
– Les éléments sortants/output
– Les moyens utilisés

FLUX D'INSTRUCTION		MEMOIRE - STOCKAGE DES INFORMATIONS		
Sources d'information	Formation	Sous format numérique	Sous format papier	Détenus par l'opérateur

Indiquer les composantes liées au maintien de l'opérationnalité du poste :
– Les flux d'instruction (sources d'information, formation)
– Le stockage des informations

COMPETENCES		FONCTIONS EXTERNES
Requises pour le poste	Détenues par opérateur	

Indiquer les composantes liées à l'opérateur/titulaire du poste :
– Les compétences
– Les fonctions externes

5 QQOQCPC

QU'EST-CE QUE C'EST ?

Outil de collecte et de critique des informations. Il permet d'explorer rapidement et de caractériser une question sans omettre de points importants.

À QUOI CELA SERT ?

- Organiser la pensée de façon systématique.
- Obtenir une bonne définition d'un problème.
- Examiner toutes les facettes, tous les contours d'une idée ou d'une situation.
- Constituer un questionnaire méthodique permettant une collecte exhaustive des informations pour analyser et critiquer une situation.
- Définir les modalités de la mise en œuvre d'un plan d'action.

Dans quels cas utilise-t-on cet outil ?

Analyser

Rechercher

Modéliser

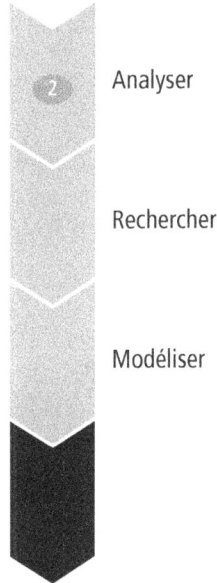

QUELLE EST LA MÉTHODE ?

Le QQOQCPC peut être utilisé seul ou en groupe et se décompose en 3 phases :
- Phase 1 : Définition de l'objectif
- Phase 2 : Analyse descriptive
- Phase 3 : Analyse critique

1 – Définition de l'objectif
- Formuler clairement l'objectif de départ.

2 – Analyse descriptive
- Poser (ou se poser) systématiquement les 5 questions de base :
  - QUI?
  - QUOI?
  - OÙ?
  - QUAND?
  - COMMENT?

3 – Analyse critique
- Ajouter la question POURQUOI? à chacune des questions de base
  - QUI - POURQUOI?
  - QUOI - POURQUOI?
  - Etc.…?
- Compléter l'analyse critique par les questions
  - POURQUOI? (causes)
  - POUR QUOI? (objectif)
  - COMBIEN? (quantification)

Conseils

➔ – Pour déterminer les causes profondes, à partir des causes apparentes, il est conseillé de se poser successivement cinq fois la question « Pourquoi ? » (méthode des 5 P).

QUELS SONT LES AVANTAGES ET INCONVÉNIENTS ?

Avantages	Inconvénients
– Outil simple d'utilisation.	– Les idées obtenues peuvent être subjectives si l'outil est utilisé par une personne seule.
– Utilisable dans beaucoup de situations.	
– Peut être utilisé en groupe ou de façon individuelle.	
– Évite d'oublier un élément indispensable à la réussite d'un projet.	
– Permet la mise en forme d'une liste exhaustive d'idées.	

COMMENT UTILISER LE DOCUMENT ?

	Questions à se poser	Réponses
Qui ?		
Quoi ?		
Où ?		
Quand ?		

Indiquer les questions à se poser en fonction du thème à traiter

Indiquer les réponses aux questions posées

EXEMPLE D'UTILISATION DU DOCUMENT

	Exemples de questions à se poser	Pourquoi ? (Pour qui ?)
Qui ?	Qui est concerné par le problème ? Qui est le client, le fournisseur ? Qui a détecté le problème, qui peut agir ? Qui fait l'action ?	Pourquoi cette personne intervient ? Pourquoi ce service ? Pourquoi l'influence de cette personne ? Pourquoi cette personne ?
Quoi ?	De quoi s'agit-il ? Quel est le processus en cause ? Quel est le problème à traiter ? Quel imprimé, quel circuit, quel logiciel ?	Pourquoi parle-t-on de cette question ? Pourquoi ce processus est-il en cause ? Pourquoi ce document, ce logiciel ?
Où ?	Où se traite le processus, dans quel service ? À quel endroit du circuit se manifeste le problème ?	Pourquoi traite-t-on le processus à cet endroit ? Pourquoi détecte-t-on le problème à cet endroit ?
Quand ?	Quand apparaît l'événement ? est-il fréquent, quotidien, mensuel ? Quand se produit l'action ?	Pourquoi cherche t-on à le résoudre en ce moment ? Pourquoi cette fréquence ? Pourquoi apparaît-elle à ce moment ?
Comment	Comment on s'y prend ? Comment fait-on en cas d'erreur ? Comment a-t-on établi la procédure ?	Pourquoi procède-t-on ainsi ? Pourquoi utilise-t-on ce circuit ? Pourquoi a-t-elle été établie de cette manière ?
Combien	Combien de fois traite-t-on ce problème ? Combien d'erreurs ? Combien de temps de travail ? Combien de documents ?	Pourquoi cette quantité ?

6 Fiche d'auto pointage

QU'EST-CE QUE C'EST ?

Technique destinée à faire établir par l'exécutant lui-même les travaux qu'il effectue et les temps d'exécution. Il sert en particulier dans le cadre de mission d'optimisation.

C'est un outil d'amélioration de la productivité d'ordre quantitatif. Utilisé à outrance, il peut être dangereux et nuire aux objectifs de qualité.

À QUOI CELA SERT ?

- Analyser les différentes activités d'une personne ou d'une entité pour optimiser un processus.
- Obtenir des relevés chiffrés de données ou d'événements effectués par les acteurs concernés.
- Transformer une impression en une certitude quantifiable.
- Faire prendre conscience de la réalité aux acteurs.

Dans quels cas utilise-t-on cet outil ?

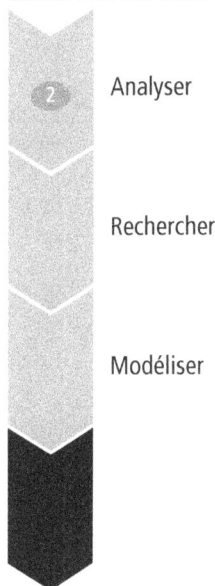

2 Analyser

Rechercher

Modéliser

QUELLE EST LA MÉTHODE ?

L'autopointage doit être précédé d'une analyse de la chaîne de traitements (procédogramme).

1 – Définir l'objectif de l'autopointage

2 – Définir les données nécessitant des indications chiffrées

3 – Déterminer le degré de précision

4 – Déterminer une durée d'observation selon l'ampleur et la fréquence du phénomène recherché, et tenant compte des fluctuations périodiques

5 – Concevoir un support d'enregistrement des données

6 – Déterminer les acteurs qui effectuent l'autopointage

7 – Informer les acteurs de l'objectif et des modalités d'exécution

8 – Analyser les données

9 – Présenter les résultats aux personnes qui ont effectué l'autopointage

Conseils

– L'auto pointage doit être utilisé avec précautions : ne pas oublier que le fait de mettre en place l'auto pointage peut changer la situation à analyser. Exemple : modification du comportement des acteurs en particulier. L'analyse devra prendre en compte ces changements.
– La phase d'information des acteurs est indispensable et essentielle.
– La durée d'autopointage doit être suffisamment longue pour être représentative.

QUELS SONT LES AVANTAGES ET INCONVÉNIENTS ?

Avantages	Inconvénients
– Gain de temps pour le chef de projet.	– Risque d'être mal perçu par les acteurs.
– Observation rapide des blocages dans les chaînes de traitement.	

COMMENT UTILISER LE DOCUMENT ?

Activités	Début	Fin	Durée	Interruptions Nature	Durée

Indiquer les activités qui font l'objet d'un auto pointage

Préciser la durée, l'heure de début et de fin des activités ciblées

Indiquer la nature des interruptions et leur durée

7 Questionnaire

QU'EST-CE QUE C'EST ?

Instrument de collecte de l'information. Il est fondé sur un recueil de réponses à un ensemble de questions posées généralement à un échantillon représentatif d'une population.

Le questionnaire se substitue ou vient en complément des entretiens ou de toute autre analyse.

Dans quels cas utilise-t-on cet outil ?

2

Analyser

3

Rechercher

Modéliser

À QUOI CELA SERT ?

- Recueillir des informations auprès des personnes concernées par le sujet à traiter.
- Dresser le portrait d'une réalité à un moment précis dans le temps.
- Évaluer les effets d'une action.
- Réaliser un sondage sur un échantillon important.

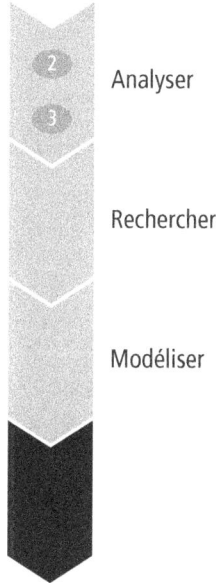

QUELLE EST LA MÉTHODE ?

1 – Définir la problématique
- Préciser le problème.
- Identifier clairement les concepts à la base de la situation problématique.
- Avoir une idée précise de la manière dont ceux-ci seront appréhendés par le biais du questionnaire.

2 – Définir la population

- Définir la totalité des éléments ou individus sur lesquels l'enquête doit fournir des informations.

- Établir l'échantillon à partir de la population (l'échantillon est la partie de la population sur laquelle l'enquête est réalisée).

3 – Choisir le type de questionnaire

- Définir le questionnaire auto administré (le sujet répond lui-même aux questions) ou administré individuellement (le questionnaire est complété par l'enquêteur lors d'un entretien individuel).

5 – Formuler les questions

- Dresser la liste des thèmes à aborder en fonction de la problématique de l'étude.

- Déterminer la meilleure séquence logique et psychologique.

- Rédiger une première ébauche des diverses questions.

6 – Agencer les questions et concevoir le questionnaire

- Agencer les questions de façon logique pour faciliter les réponses.

- Veiller à ce que les liens soient toujours visibles entre questions et objectifs du questionnaire.

- Annoncer les changements de thèmes pour faciliter les transitions entre les questions.

- Commencer par des questions ouvertes suivies de questions fermées de plus en plus spécifiques (technique de l'entonnoir).

7 – Codifier les résultats

- Réaliser une matrice de données à double entrée :
  - Chaque ligne correspond à un « répondant ».
  - Chaque colonne correspond à une variable ou information demandée.
  - Questions fermées : À l'aide d'un code numérique ou alphanumérique, on transforme l'information dans un format qui la rend exploitable.
  - Questions ouvertes : Il faut à posteriori développer une liste de codes pour identifier les diverses réponses des interlocuteurs.

8 – Analyser et interpréter les résultats

- Faire l'analyse quantitative en utilisant les techniques statistiques (moyenne, écart type, courbe de Gauss…).

- Faire l'analyse qualitative en utilisant tous les outils de modélisation possibles.
- Rédiger le rapport d'enquête en le basant sur 3 parties, la présentation de l'enquête, la présentation des résultats, les conclusions.

Conseils

- Le questionnaire implique généralement le choix d'un échantillon de la population concernée.
- La standardisation du questionnaire est nécessaire : il est présenté à tous les interlocuteurs sous la même forme, avec les mêmes modalités.
- Le questionnaire est un instrument pré-testé : il doit être mis à l'essai avant d'être utilisé pour vérifier sa pertinence.
- Le questionnaire permet d'obtenir trois catégories d'informations :
  - Les faits, les attitudes, les attentes, les opinions…
  - Les caractéristiques associées aux répondants (sexe, âge, fonction…).
  - Les informations reliées à l'administration du questionnaire (date, lieu, groupe de répondants, etc.).
- Le questionnaire doit être accompagné en amont par une communication sur les objectifs et l'utilité du questionnaire, et en aval par une communication sur les résultats obtenus.

QUELS SONT LES AVANTAGES ET INCONVÉNIENTS ?

Avantages	Inconvénients
– Instrument polyvalent qui permet d'aborder des problématiques organisationnelles très variées.	– Outil très structurant, notamment par le caractère prédéterminé des réponses possibles qui ne permet pas à l'interlocuteur d'exprimer ce qu'il pense.
– Coût d'utilisation modeste, surtout en comparaison des entretiens ou de l'observation.	– Nécessité d'une formulation pertinente des questions.
– Respect de l'anonymat, en s'appuyant sur l'expression écrite (par opposition à la confrontation orale d'un entretien).	– Nécessite une grande expérience pour bien adapter le questionnaire au type d'analyse.
– Récolte d'informations auprès d'un nombre important de personnes en une seule fois.	– Si le questionnaire n'est pas bon il est très difficile de solliciter une deuxième fois les interviewés.

COMMENT UTILISER LE DOCUMENT ?

Indiquer le nom de l'enquête

Nom de l'enquête

Thème 1

1. Question (X choix possibles maximum) ◄─────────── Préciser les thèmes
à aborder

☐ Modalité 1 ☐ Modalité 2 ☐ Modalité 3 ☐ Modalité 4
☐ Modalité 2 ☐ Modalité 6 ☐ Modalité 7 ☐ Modalité 8
☐ Autres (à préciser) _____

2. Question (plusieurs choix possibles) ◄─────────── Lister les questions et
préciser si les réponses
sont uniques, multiples
avec X choix possibles

☐ Modalité 1 ☐ Modalité 2 ☐ Modalité 3 ☐ Modalité 4
☐ Modalité 5 ☐ Modalité 6 ☐ Modalité 7 ☐ Modalité 8
☐ Autres (à préciser) _____

3. Question

☐ Modalité 1 ☐ Modalité 2

4. Question ──── Indiquer les différentes
réponses possibles à
cocher

☐ Modalité 1 ☐ Modalité 2

5. Question

	Pas du tout d'accord	Tout à fait d'accord
→ Item 1	☐	☐
→ Item 2	☐	☐

8 Feuille d'analyse

QU'EST-CE QUE C'EST ?

Outil de modélisation permettant de décrire le déroulement d'un processus entre des postes de travail.

Schématisation d'un ensemble de tâches dans leur déroulement et dans le temps.

À QUOI CELA SERT ?

Permettre la compréhension d'un processus en représentant :

* La circulation des informations ou des matières.
* Les supports contenant les informations ou les matières.
* Les informations ou les matières manipulées.
* Les acteurs impliqués dans le processus.
* Les déclencheurs des actions ou tâches.
* La chronologie des opérations ou tâches.
* Les lieux de réalisation des opérations ou tâches.
* Les matériels utilisés pour réaliser les opérations ou tâches.
* Les quantités de temps, de matières ou d'informations utilisées.

Dans quels cas utilise-t-on cet outil ?

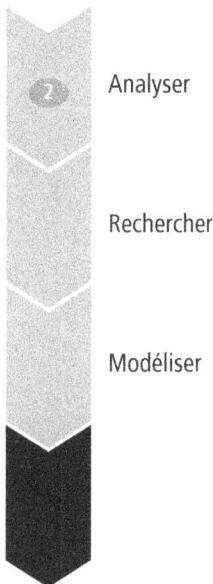

Analyser

Rechercher

Modéliser

QUELLE EST LA MÉTHODE ?

1 – Recueillir l'information sur le terrain

- Faire la liste des personnes impliquées dans le processus.
- Rencontrer chaque personne et lui demander de décrire de manière individuelle ses tâches.
- Recueillir les informations sur les temps nécessaires au déroulement des tâches (déclaratif ou mesures des temps).
- Recueillir l'ensemble des documents utilisés par les personnes sur les postes de travail (recueillir de préférence des documents remplis).
- Faire valider les comptes rendus par les personnes interrogées.
- Commencer à assembler le processus en regardant les enchaînements des tâches entre les postes de travail.

2 – Modéliser

- Remplir la feuille d'analyse en suivant le déroulement chronologique des tâches.
  - Effectuer un découpage d'une feuille d'analyse poste de travail par poste de travail
  - Rechercher les supports d'informations et les informations utilisées qui vont être déclencheurs des opérations (dans certains cas flux de matières)
  - Lister les opérations réalisées à l'arrivée des informations
  - Rechercher les supports d'informations et les informations ajoutées qui vont être en sortie des opérations listées (dans certains cas flux de matières)
  - Rechercher l'enchaînement entre les différents processus, ou tâches
  - Construire la feuille d'analyse
  - Si nécessaire, compléter la feuille d'analyse par les informations quantitatives de temps, fréquences, quantités (Combien ?)
  - Si nécessaire, compléter la feuille d'analyse par les informations sur les moyens employés pour réaliser les tâches (Comment ?)
  - Compléter la feuille d'analyse par toutes les représentations graphiques qui facilitent sa compréhension (schémas, symboles, images…)
  - Faire une première validation de la feuille d'analyse avec les documents recueillis en déroulant l'ensemble du processus
- Faire valider la feuille d'analyse par les différentes personnes interrogées.

- Pour décrire chaque opération utiliser un verbe et un complément.
- Les descriptions des tâches, des supports d'informations, des flux de matières ou d'informations doivent être très précises.
- Les noms des supports d'informations doivent être clairs et différenciés.
- Utiliser éventuellement une codification des supports d'informations s'ils sont nombreux afin d'éviter la surcharge de la feuille d'analyse.
- Habiller la feuille d'analyse par des graphiques ou représentations qui améliorent sa lecture.
- Ne pas utiliser de verbes génériques (gérer par exemple).
- Utiliser dans la description le vocabulaire du métier analysé.
- Préférer l'exhaustivité dans la description à la synthèse.
- Découper la feuille d'analyse en plusieurs feuilles si le processus observé est complexe (une feuille d'analyse par grande fonction).

QUELS SONT LES AVANTAGES ET INCONVÉNIENTS ?

Avantages	Inconvénients
– Outil très visuel permettant de détecter les anomalies d'un processus dans sa globalité.	– Le format A4 est souvent insuffisant pour décrire tous les processus de manière lisible.
– Permet d'échanger autour d'un graphique pour trouver des pistes d'amélioration.	– Lorsque le processus est complexe il faut faire plusieurs feuilles d'analyse.
– Permet d'avoir à la fois une vue globale et une vue détaillée d'un processus.	– Nécessite beaucoup de détails et donc beaucoup de temps pour être élaboré de manière exhaustive.

COMMENT UTILISER LE DOCUMENT ?

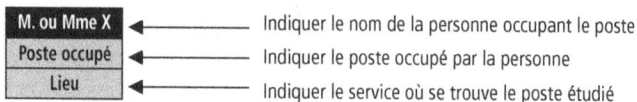

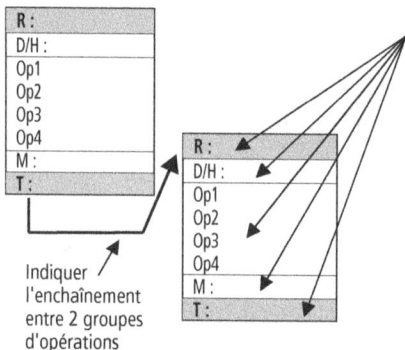

M. ou Mme X ◄────────	Indiquer le nom de la personne occupant le poste
Poste occupé ◄────────	Indiquer le poste occupé par la personne
Lieu ◄────────	Indiquer le service où se trouve le poste étudié

```
R :
D/H :
Op1
Op2
Op3
Op4
M :
T :
```

```
R :
D/H :
Op1
Op2
Op3
Op4
M :
T :
```

Pour une personne identifiée :
– Indiquer le flux entrant
  (informations, document,
  matière…)
– Indiquer la date/heure
  pour lesquels les flux sont reçus
– Lister les opérations ou
  les tâches réalisées à partir
  du flux entrant
– Identifier les moyens employés
  pour réaliser les opérations ou
  les tâches
– Indiquer le flux sortant de ces
  opérations/tâches (informations,
  document, matière…)

Indiquer
l'enchaînement
entre 2 groupes
d'opérations

9 Tableau de répartition des tâches ou des fonctions

QU'EST-CE QUE C'EST ?

Le tableau de répartition des tâches est un outil qui permet de représenter et/ou d'améliorer la répartition des tâches entre les acteurs dans un domaine ou un processus.

À QUOI CELA SERT ?

- Clarifier le QUI FAIT QUOI dans un domaine ou dans un processus.
- Structurer l'analyse descriptive et alimenter la critique de la répartition des tâches actuelles.
- Vérifier la cohérence entre l'activité principale et la mission d'un service (et la cohérence avec les fiches de poste).
- Identifier les tâches non effectuées.
- Repérer la dispersion ou la redondance des tâches.
- Repérer les surcharges ou sous-charges.
- Guider la construction d'une nouvelle répartition (recherche de solutions).
- Servir de support à une communication synthétique sur l'activité.

Dans quels cas utilise-t-on cet outil ?

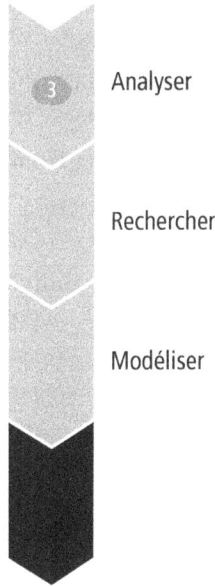

3 Analyser

Rechercher

Modéliser

QUELLE EST LA MÉTHODE ?

1 – Définir le domaine ou le processus analysé

2 – Collecter les informations, à partir d'entretiens, d'observations, de feuilles de relevés ou de feuilles d'auto pointage...

3 – Établir la liste des tâches

4 – Définir les postes ou les personnes participant au processus

5 – Collecter les données pendant plusieurs semaines ou faire estimer par les acteurs, le temps passé sur les différentes tâches

6 – Construire le tableau de répartition des tâches

7 – À l'intersection des colonnes et lignes, porter les durées de chaque tâche

8 – Variante : indiquer à l'intersection, le niveau de responsabilité (ex : E : exécuter, C : coordonner, S : superviser ou la fréquence)

9 – Calculer le nombre d'intervenants et la charge par tâche ainsi que la charge totale par poste/acteur

10 – Faire valider le contenu par les acteurs

QUELS SONT LES AVANTAGES ET INCONVÉNIENTS ?

Avantages	Inconvénients
– Vue générale de la répartition des tâches et des responsabilités.	– Décomposition parfois difficile à élaborer.
– Vue claire des coopérations nécessaires entre les acteurs.	– Normalisation des processus habituels sans prise en compte des exceptions.
	– Vision limitée à un temps donné.

COMMENT UTILISER LE DOCUMENT ?

Cliquer sur le bouton
« **Initialiser** » pour effectuer
une nouvelle saisie

Indiquer la désignation
des tâches

Pour chaque acteur, spécifier la
charge de travail (en heures ou en
jours) nécessaire pour l'exécution
de la tâche

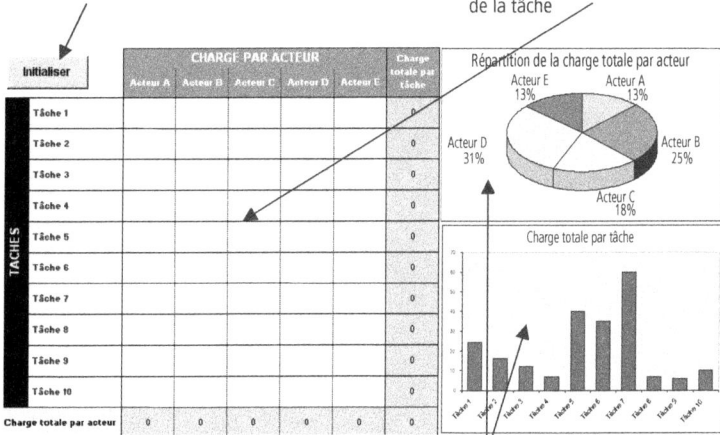

Affichage automatique des graphiques
concernant la répartition de la charge
totale soit par acteur, soit par tâche

10 Graphe d'environnement

QU'EST-CE QUE C'EST ?

- Outil graphique permettant de placer un objet dans un environnement afin de déterminer l'ensemble des relations entre cet objet et son environnement.
- Cet outil permet de ne pas seulement se concentrer sur les fonctions internes de l'objet, mais de s'orienter vers l'usage que l'environnement peut faire de cet objet.

Analyser

Rechercher

Modéliser

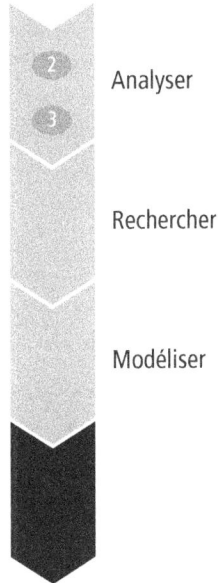

À QUOI CELA SERT ?

- Identifier l'environnement, le milieu dans lequel évolue l'objet mais aussi les interactions avec d'autres objets.
- Faire apparaître clairement les relations entre l'objet et le milieu extérieur.
- Faire la liste des fonctions que l'objet doit remplir pour assurer ses relations avec l'extérieur.
- Avoir une liste la plus exhaustive possible du champ des possibles d'utilisation de l'objet.

Quelle est la méthode ?

1 – Identifier le milieu extérieur de l'objet

- Faire la liste de toutes les situations d'utilisation de l'objet (en utilisation, rangé, stocké...).
- Faire la liste de tous les éléments qui peuvent être en contact avec l'objet (personnes, éléments physiques, éléments immatériels, ambiance...).
- Identifier les actions ou interactions entre l'objet et les éléments qui peuvent être en contact avec lui.

2 – Faire apparaître les relations entre le produit et les éléments du milieu extérieur

- Dessiner un ou plusieurs graphes d'environnement suivant la complexité et le nombre de situations d'utilisation de l'objet possibles.
- Pour chaque branche du graphe qualifier la relation entre l'objet et le milieu ou les autres objets.

3 – Faire la liste des fonctions que doit satisfaire le produit

- Reprendre chaque relation entre l'objet et l'environnement et transformer la relation en fonctions à remplir.
- Qualifier chaque fonction sous la forme d'un verbe et d'un complément.

Conseils

- Un produit n'est jamais indépendant de son environnement.
- Dans la plupart des cas, le produit doit s'adapter à son environnement, c'est-à-dire satisfaire certaines fonctions par rapport à cet environnement.
- Il importe par ailleurs d'identifier dans quelles circonstances le produit peut être utilisé : circonstances habituelles, occasionnelles, exceptionnelles.
- Les conditions habituelles et occasionnelles doivent systématiquement être prises en considération. En ce qui concerne les conditions exceptionnelles, il est nécessaire d'évaluer leurs conséquences possibles et leur gravité si les fonctions ne sont pas remplies.
- Afin de réaliser une étude d'environnement, il importe de distinguer les 4 «familles» suivantes :
  - les personnes,
  - les éléments physiques,
  - les éléments immatériels,
  - l'ambiance

- Les personnes : elles peuvent être celles qui utilisent le produit, mais il peut aussi s'agir de personnes dont la présence est occasionnelle. Par exemple, l'acheteur du produit peut ne pas être l'utilisateur et pourtant des fonctions sont à satisfaire vis-à-vis des deux.
- Les éléments physiques : ils sont nombreux : le sol, une table, les murs, les objets environnants, etc.
- Les éléments immatériels : il peut s'agir des règlements, des normes, des directives, etc.
- L'ambiance : l'ambiance peut regrouper des éléments tels que la température, l'hygrométrie, les intempéries, le bruit, les poussières, etc.

QUELS SONT LES AVANTAGES ET INCONVÉNIENTS ?

Avantages	Inconvénients
– Donne une vision graphique de l'objet et de son environnement.	– Devient complexe lorsque l'objet interagit beaucoup avec son environnement ou lorsque les éléments qui interagissent sont très nombreux.
– Permet de se décentrer de l'objet vers son usage.	
– Très pratique pour tout objet de la vie courante.	– Plus difficile à utiliser sur un objet immatériel.

COMMENT UTILISER LE DOCUMENT ?

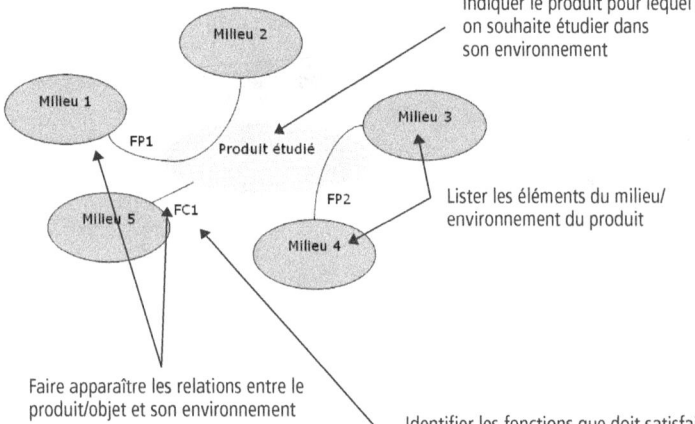

Indiquer le produit pour lequel
on souhaite étudier dans
son environnement

Lister les éléments du milieu/
environnement du produit

Faire apparaître les relations entre le
produit/objet et son environnement

Identifier les fonctions que doit satisfaire le
produit ou l'objet étudié et le reporter dans
le tableau :
– Fonction principale (FP) : 2 éléments du
milieu sont reliés par le produit
– Fonction contraintes (FC) : contraintes
imposées au produit par son milieu
extérieur d'utilisation ; soit une relation
entre 1 élément du milieu et le produit

Fonction	Description
Fonctions principales	
FP1	
FP2	
FP3	
FP4	
FP5	
Fonctions Contraintes	
FC1	
FC2	
FC3	
FC4	
FC5	

11 Diagramme FAST

QU'EST-CE QUE C'EST ?

Outil d'ordonnancement des fonctions d'un produit ou d'un service en fonction de trois questions : Pourquoi, Comment et Quand ?
Modélisation de l'ensemble des fonctions d'un objet dans un espace tridimensionnel.

À QUOI CELA SERT ?

- Représenter graphiquement les fonctions et leurs liens en fonction de trois critères.
- Vérifier la pertinence de l'analyse faite au travers du graphe d'environnement.
- Ordonnancer les fonctions en partant des fonctions techniques en allant vers les fonctions d'usage.
- Distinguer les fonctions principales des fonctions secondaires.

Dans quels cas utilise-t-on cet outil ?

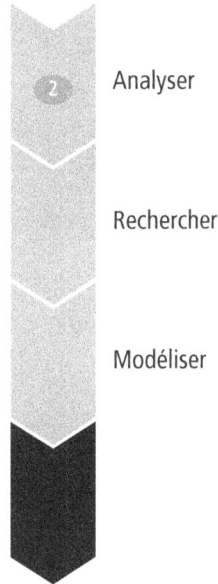

2 Analyser

Rechercher

Modéliser

QUELLE EST LA MÉTHODE ?

1 – Identifier les fonctions principales
- Prendre la liste des fonctions remplies par un produit ou service.
- Identifier les fonctions principales pour l'utilisateur.
- Faire un classement entre les fonctions principales.

2 – Dessiner le diagramme
- Noter la fonction principale la plus importante et partir de cette fonction.
- Se poser la question du « Comment » et indiquer la fonction émanant de la fonction principale.
- Remonter vers la gauche en continuant à se poser la question « comment » en allant vers les fonctions techniques.

• Réorganiser ensuite les questions en se posant la question «quand» en parallélisant les fonctions qui se déroulent en même temps.

• Construire le diagramme FAST en faisant un ou plusieurs diagrammes en fonction du niveau de complexité.

QUELS SONT LES AVANTAGES ET INCONVÉNIENTS ?

Avantages	Inconvénients
– Permet de distinguer les typologies de fonctions (Principales, Secondaires, Techniques) et de les ordonnancer dans un visuel.	– La notion du quand peut nécessiter la participation d'un expert lorsqu'il s'agit de fonctions techniques.

COMMENT UTILISER LE DOCUMENT ?

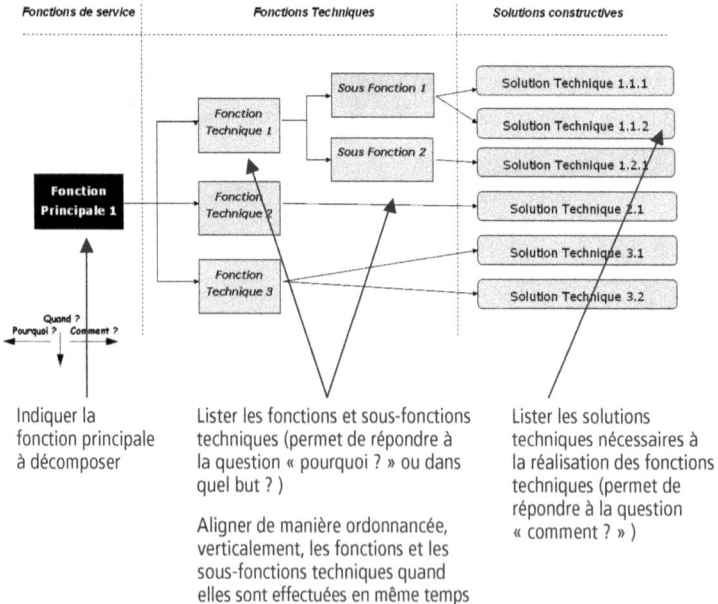

Indiquer la fonction principale à décomposer

Lister les fonctions et sous-fonctions techniques (permet de répondre à la question « pourquoi ? » ou dans quel but ?)

Aligner de manière ordonnancée, verticalement, les fonctions et les sous-fonctions techniques quand elles sont effectuées en même temps

Lister les solutions techniques nécessaires à la réalisation des fonctions techniques (permet de répondre à la question « comment ? »)

12 Tableau des critères

QU'EST-CE QUE C'EST ?

Tableau récapitulatif qui permet de recenser et définir l'ensemble des critères d'appréciation à retenir pour chacune des fonctions.
À chaque critère est associé un niveau et une flexibilité.

À QUOI CELA SERT ?

- Lister les fonctions sous forme d'un tableau en les hiérarchisant.
- Donner une codification à chaque fonction pour la suite de l'analyse.
- Affecter plusieurs critères sur chaque fonction.
- Définir des éléments objectifs de qualification des critères.
- Définir les marges de manœuvre dont on dispose pour chaque fonction.

Dans quels cas utilise-t-on cet outil ?

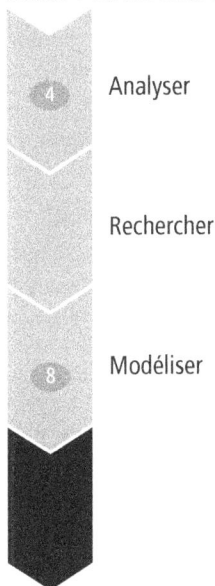

4 Analyser

Rechercher

8 Modéliser

QUELLE EST LA MÉTHODE ?

1 – Placer les fonctions dans un tableau
- Codifier les fonctions pour la suite de l'analyse en leur donnant un numéro et éventuellement un type (Principale, Secondaire, Technique...).
- Indiquer les critères que peut avoir chacune des fonctions.

2 – Qualifier les fonctions

- Pour chaque critère indiquer le niveau qui correspond à un indicateur quantitatif.
- Pour chaque niveau indiquer la flexibilité qui correspond à la marge de manœuvre contrainte (par des normes par exemple) ou décidée dans l'étude.

3 – Effectuer des arbitrages

- Établir 2 tableaux, un pour les produits ou services existants, un pour les produits ou services futurs et effectuer des arbitrages sur les fonctions à remplir, leurs critères, leur niveau et leur flexibilité.

Conseils

➡ S'appuyer sur les définitions suivantes :

- **Critère** : Critère retenu pour apprécier la manière dont une fonction est remplie ou une contrainte respectée.
- **Niveau** : Le niveau d'un critère est généralement une valeur chiffrée pour les critères « objectifs » et une référence pour les critères « subjectifs ». Il permet de représenter le poids de chaque fonction.
- **Flexibilité** : C'est la tolérance par rapport à la valeur du niveau demandé.
  - F0 : flexibilité nulle, niveau impératif
  - F1 : flexibilité faible, niveau peu négociable
  - F2 : flexibilité bonne, niveau négociable
  - F3 : flexibilité forte, niveau négociable

QUELS SONT LES AVANTAGES ET INCONVÉNIENTS ?

Avantages	Inconvénients
– Oblige à aller jusqu'au bout de qualification d'une fonction.	– Nécessite souvent la participation d'un expert pour la qualification des fonctions au minimum pour les niveaux et la flexibilité.
– Permet de « reformuler la fonction ».	– Nécessite la connaissance des normes (sécurité…).
– Permet de valider le travail d'énumération des fonctions.	

COMMENT UTILISER LE DOCUMENT ?

Niveau de flexibilité	F0 Flexibilité nulle, niveau impératif
	F1 Flexibilité faible, niveau peu négociable
	F2 Flexibilité bonne, niveau négociable
	F3 Flexibilité forte, niveau négociable

Fonctions	Critères	Niveau	Flexibilité	Limites (Min, Max)
Fonction 1	Critère 1.1			
	Critère 1.2			
	Critère 1.3			
	Critère 1.4			
	Critère 1.5			
Fonction 2	Critère 2.1			
	Critère 2.2			
	Critère 2.3			
	Critère 2.4			
	Critère 2.5			
Fonction 3	Critère 3.1			
	Critère 3.2			
	Critère 3.3			
	Critère 3.4			
	Critère 3.5			
Fonction 4	Critère 4.1			
	Critère 4.2			
	Critère 4.3			
	Critère 4.4			
	Critère 4.5			
Fonction 5	Critère 5.1			
	Critère 5.2			
	Critère 5.3			
	Critère 5.4			
	Critère 5.5			

Lister les fonctions retenues

Indiquer le critère retenu ou la contrainte à respecter

Sélectionner dans la liste le degré de flexibilité pour chacun des critères (Cf. échelle de notation)

Préciser le niveau de critère d'appréciation au-delà ou en deçà duquel le besoin est non satisfaisant

13 Organigramme

QU'EST-CE QUE C'EST ?

Outil graphique permettant la représentation synthétique de :
- l'ensemble de la structure d'une entreprise, d'une entité, d'un service ;
- la répartition des domaines d'activité et de supervision/dépendance des différents agents, la direction générale figurant au sommet.

À QUOI CELA SERT ?

- Représenter la répartition des responsabilités hiérarchiques et fonctionnelles.
- Permettre de repérer rapidement la place de chaque poste dans la structure d'ensemble.
- Localiser les relations de dépendance existantes.
- Permettre de visualiser la place de chaque fonction et les relations de travail qui existent entre celles-ci.
- Faire ressortir les redondances de fonctions.
- Clarifier les conflits de domaine, de compétence et d'autorité.
- Montrer les choix organisationnels d'une direction.

Dans quels cas utilise-t-on cet outil ?

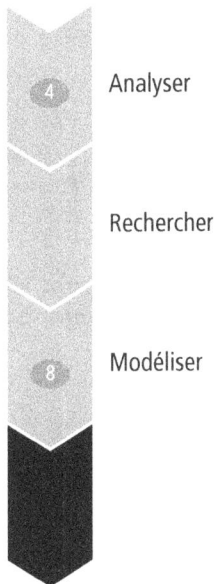

4 Analyser

Rechercher

8 Modéliser

QUELLE EST LA MÉTHODE ?

1 – Répertorier les différents éléments

Faire l'inventaire des fonctions, services ou collaborateurs du système considéré.

- Identifier les noms de services, de postes, de personnes...
- Identifier les liens de dépendance hiérarchique et/ou fonctionnelle entre les services ou collaborateurs.

2 – Représenter le graphique

- Tracer un schéma pyramidal indiquant les liens et les niveaux hiérarchiques de plus en plus subordonnés au fur et à mesure que l'on descend.
- Faire figurer les services ou collaborateurs dans des rectangles indiquant également les noms des postes.
- Placer les instances dirigeantes au sommet et progresser jusqu'à la base de l'organigramme composée par les membres opérationnels du système.
- Relier par des traits les différents niveaux.

QUELS SONT LES AVANTAGES ET INCONVÉNIENTS ?

Avantages	Inconvénients
– Formalisation visuelle des structures générales.	– Statique.
– Constitution d'un cadre de référence pour l'entreprise.	– L'organigramme n'est pas suffisant pour décrire l'organisation réelle.

Modèles d'organigramme

L'organigramme par fonctions

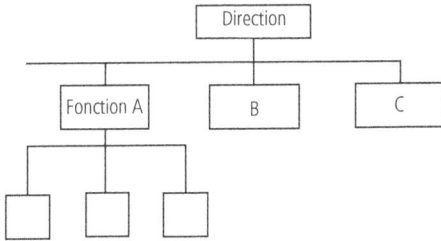

Spécialisation par « métiers »

Avantages :
– Permet de préserver un niveau de compétences élevé dans des activités requérant une expertise
– Permet d'effectuer des regroupements porteurs d'économie d'échelle

Inconvénient :
– Coopération inter-fonctionnelle difficile

L'organigramme par activités

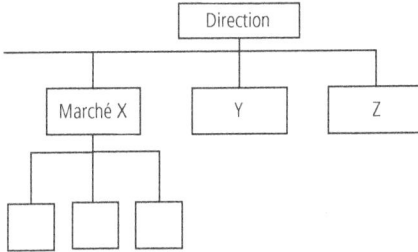

Chaque Activité/Division possède ses propres services Achats, Études, Finances…

Avantages :
– Favorise la décentralisation
– Permet d'éviter le gonflement bureaucratique des États-Majors

Inconvénient :
– Ne permet pas les économies d'échelle et les concentrations d'experts

La structure «Staff & Line »

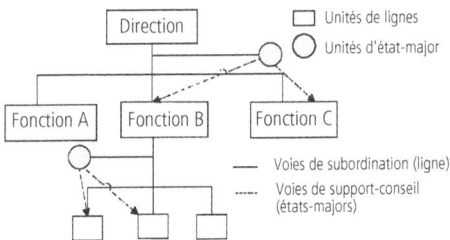

Croisement entre une structure de type classique, souvent fonctionnelle, avec des postes de Staff

Les Staff sont des états-majors spécialisés, rattachés aux directions concernées. Ce sont alors des unités de conseil, sans responsabilité directe sur les autres services, qui soutiennent la ligne c'est-à-dire qu'ils sont situés entre les services répartis le long des voies hiérarchiques usuelles

La structure matricielle

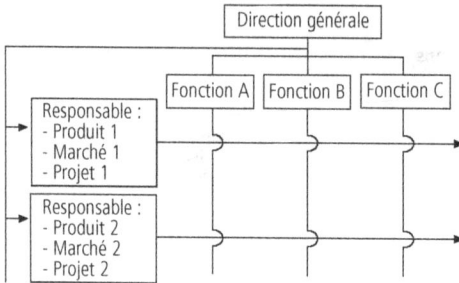

Les responsables fonctionnels proposent leurs ressources aux responsables de projet, qui détiennent les budgets

On ajoute à une première structure classique une ou plusieurs autres structures latérales en créant volontairement :
– des relations hiérarchiques multiples mais complémentaires
– un croisement de compétences organisé autour des domaines clés de l'entreprise
– une coopération privilégiée des différentes instances

Point délicat : obtenir une claire répartition des pouvoirs de décision

COMMENT UTILISER LE DOCUMENT ?

Attention

– L'outil « Organigramme » propose à 3 modèles d'organigramme prêts à l'emploi de type par activité ou par fonction.
– Une fois le bouton « **Organigramme** » enclenché, il affiche alors les modèles préformatés seulement si le nombre de personnes au niveau hiérarchique 2 est > ou = à 3. Dans le cas où le nombre de personnes situé au niveau 2 est < 6, laisser les cellules tel quel (le contenu = « nom x ») !

Cliquer sur le bouton « **Initialiser** » pour
effectuer une nouvelle saisie

Initialiser	Organigramme			Niveaux Hiérarchiques				
	niveau 1			niveau 2			niveau 3	
n°	Nom	Fonction	n°	Nom	Fonction	n°	Nom	Fonction
			2.1	nom 1	Fonction 1	3.1.1	nom 1	Fonction 1
						3.1.2	nom 2	Fonction 2
						3.1.3	nom 3	Fonction 3
			2.2	nom 2	Fonction 2	3.2.1	nom 1	Fonction 1
						3.2.2	nom 2	Fonction 2
						3.2.3	nom 3	Fonction 3
			2.3	nom 3	Fonction 3	3.3.1	nom 1	Fonction 1
						3.3.2	nom 2	Fonction 2
1	nom 1	Fonction 1				3.3.3	nom 3	Fonction 3
			2.4	nom 4	Fonction 4	3.4.1	nom 1	Fonction 1
						3.4.2	nom 2	Fonction 2
						3.4.3	nom 3	Fonction 3
			2.5	nom 5	Fonction 5	3.5.1	nom 1	Fonction 1
						3.5.2	nom 2	Fonction 2
						3.5.3	nom 3	Fonction 3
			2.6	nom 6	Fonction 6	3.6.1	nom 1	Fonction 1
						3.6.2	nom 2	Fonction 2
						3.6.3	nom 3	Fonction 3

1. Cliquer sur le bouton « **Organigramme** »
pour avoir une visualisation directe de
l'organigramme par l'affichage de la
feuille concernée

2. Indiquer les noms et les fonctions (ou
le service) par niveau hiérarchique
(**Attention, laisser « nom x » des cellules
de niveau 2 si le nombre de personnes
de ce niveau est compris entre 3 et 6
(cf. avertissement))**

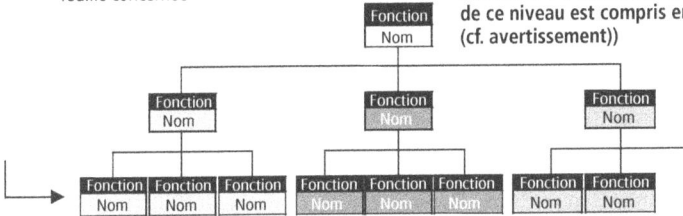

14 Tableau des critiques

Qu'est-ce que c'est ?

Dans quels cas utilise-t-on cet outil ?

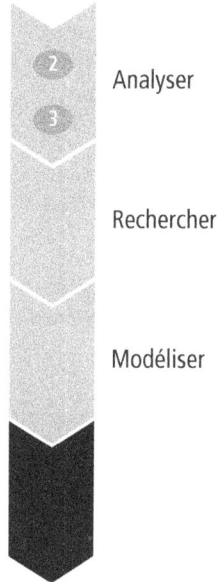

Outil utilisé pour :
- mettre en évidence les dysfonctionnements dans un produit ou un service,
- proposer des actions ou moyens susceptibles de supprimer ces dysfonctionnements.

Analyser

Rechercher

À quoi cela sert ?

Modéliser

- Procéder à une analyse critique détaillée de l'ensemble des éléments étudiés après une phase d'analyse de l'existant.
- Proposer des idées de solutions aux dysfonctionnements.
- Aider à réfléchir dans le cadre d'un groupe de travail.
- Préparer une phase de tri des critiques et des solutions proposées.

Quelle est la méthode ?

1 – Préparer les éléments de l'existant
- Récupérer tous les documents et toutes les modélisations concernant le périmètre à analyser.
- Faire une synthèse de ces éléments pour s'assurer de la compréhension de chacun du périmètre à analyser.

- Lancer la phase de critique en définissant précisément le périmètre, le temps, les règles de fonctionnement.

2 – Alimenter le tableau dans sa partie « critiques »

- Lister et inscrire dans le tableau tous les éléments du périmètre qui doivent être critiqués.

- Collecter de manière individuelle et pour chacun des éléments étudiés l'ensemble des ressentis des acteurs concernés (opérateurs, utilisateurs, responsables de service, décideurs).

- Collecter de manière participative, en groupe, l'ensemble des ressentis des acteurs.

- Alimenter le tableau en privilégiant l'aspect quantitatif sans nécessairement chercher de cohérence entre les critiques émises.

3 – Alimenter le tableau dans sa partie « solutions »

- Collecter de manière individuelle et pour chacune des procédures ou processus l'ensemble des idées de solutions auprès des acteurs concernés (opérateurs, utilisateurs, responsables de service, décideurs).

- Collecter de manière participative, en groupe, l'ensemble des idées de solutions des acteurs.

- Alimenter le tableau en privilégiant l'aspect quantitatif sans nécessairement chercher de cohérence entre les solutions proposées.

Conseils

- Phase de critique
  - Éviter toute censure
  - Faire une critique de détail
  - Éviter de remettre en cause le niveau politique
  - Émettre et faire émettre le plus de critiques possibles par élément étudié
  - Mettre en œuvre les outils de créativité
- Phase d'élaboration de solutions
  - Éviter toute censure
  - Émettre et faire émettre le plus d'idées de solutions possibles par élément étudié
  - Mettre en œuvre les outils de créativité
  - Noter aussi les idées qui ne concordent pas avec les objectifs

QUELS SONT LES AVANTAGES ET INCONVÉNIENTS ?

Avantages	Inconvénients
– Outil permettant une démarche complète (critiques et solutions) par rapport à une problématique étudiée.	– Nécessite un travail de recensement (critiques et solutions) important et pouvant s'avérer long dans le cas où les champs de l'étude sont importants.
– Productif car basé sur une démarche participative.	– Nécessite pour être efficace de pouvoir s'appuyer sur d'autres outils d'aide à la critique ou de créativité.
– Très exhaustif.	– Ne propose pas de niveau de synthèse.

COMMENT UTILISER LE DOCUMENT ?

Éléments étudiés	Critiques	Solutions
Élément 1	Critique 1.1	Solution 1.1
	Critique 1.2	Solution 1.2
	Critique 1.3	Solution 1.3
	Critique 1.4	Solution 1.4
	Critique 1.5	Solution 1.5
Élément 2	Critique 2.1	Solution 2.1
	Critique 2.2	Solution 2.2
	Critique 2.3	Solution 2.3
	Critique 2.4	Solution 2.4
	Critique 2.5	Solution 2.5
Élément 3	Critique 3.1	Solution 3.1
	Critique 3.2	Solution 3.2
	Critique 3.3	Solution 3.3
	Critique 3.4	Solution 3.4
	Critique 3.5	Solution 3.5
Élément 4	Critique 4.1	Solution 4.1
	Critique 4.2	Solution 4.2
	Critique 4.3	Solution 4.3
	Critique 4.4	Solution 4.4
	Critique 4.5	Solution 4.5
Élément 5	Critique 5.1	Solution 5.1
	Critique 5.2	Solution 5.2
	Critique 5.3	Solution 5.3
	Critique 5.4	Solution 5.4
	Critique 5.5	Solution 5.5

Lister les éléments qui doivent être critiqués

Pour chaque élément, lister les critiques et les solutions associées

15 Tableau croisé des fonctions

QU'EST-CE QUE C'EST ?

Dans quels cas utilise-t-on cet outil ?

Outil de comparaison des fonctions entre elles reposant sur une méthodologie de tri croisé.

Graphique représentant le poids des fonctions en pourcentage les unes par rapport aux autres.

Analyser

Rechercher

À QUOI CELA SERT ?

Modéliser

- Aider un groupe de travail à hiérarchiser les fonctions entre elles lorsque le consensus est difficile à obtenir.
- Mettre en comparaison chacune des fonctions avec toutes les autres fonctions.
- Mettre en évidence les fonctions majeures d'un produit ou d'un service.
- Faciliter les arbitrages dans la suppression de certaines fonctions.
- Préparer le travail sur la valorisation des fonctions.

QUELLE EST LA MÉTHODE ?

1 – Codifier les fonctions
- Attribuer à chaque fonction une codification de type F1, F2, F3…
- Inscrire les fonctions en horizontal et en vertical dans le tableau croisé.

2 – Comparer les fonctions

- Comparer les fonctions deux par deux,
- Faire figurer dans la case correspondante la fonction qui domine l'autre avec une note de 1 à 3 :
  - note 1 : fonction peu supérieure à l'autre,
  - note 2 : fonction supérieure à l'autre,
  - note 3 : fonction très supérieure à l'autre.

3 – Créer l'histogramme

- Totaliser le nombre de points obtenus par chaque fonction.
- Calculer le pourcentage de répartition obtenu.
- Représenter ces pourcentages sur un histogramme.

QUELS SONT LES AVANTAGES ET INCONVÉNIENTS ?

Avantages	Inconvénients
– Facilite les arbitrages.	– Nécessite de se recentrer en permanence sur la notion d'importance de la fonction par rapport à l'usage qui va en être fait.
– Met en évidence facilement les fonctions majeures.	
– Apporte de la quantification à du qualitatif.	

COMMENT UTILISER LE DOCUMENT ?

Cliquer sur le bouton
« **Initialiser** » pour effectuer
une nouvelle saisie

Cliquer sur « **Visualisation
histogramme** » pour
visualiser les résultats

Décrire les
fonctions étudiées

Noter de 1 à 3 en comparant
deux à deux chaque fonction en
ligne à chaque fonction en
colonne (cf. échelle de notation)

Affichage direct des
notes globales et de la
répartition en pourcentage
des fonctions

10 Groupe de travail

QU'EST-CE QUE C'EST?

Organisation permettant d'effectuer une production intellectuelle sur un sujet donné en associant plusieurs acteurs.

Outil de communication permettant d'échanger dans un but précis et dans le cadre d'un projet plus global.

À QUOI CELA SERT?

- Faire passer des messages à travers un travail de réflexion collectif.
- Recueillir des données ou des opinions dans un cadre précis.
- Faire réaliser un travail en obtenant l'adhésion du groupe.
- Associer des experts pour obtenir un consensus sur un sujet donné.
- Élaborer un résultat.
- Élaborer ou finaliser un document.
- Faire valider des données ou des informations.
- Faire le tri entre des données.

Dans quels cas utilise-t-on cet outil ?

5 Analyser

6 Rechercher

9 Modéliser

QUELLE EST LA MÉTHODE ?

1 – Préparer

- Noter sur un document les objectifs à atteindre et le plan de travail.
- Définir en amont les travaux à effectuer par chacun.
- Communiquer le document à tous les participants.
- Définir le lieu le plus approprié en fonction des objectifs à poursuivre.
- Faire un ordre du jour et le communiquer aux participants et aux personnes concernées par le projet.
- Éventuellement mettre en place les moyens pour la réalisation du travail (vidéo, ordinateurs, machines, bureaux…).
- Définir la répartition des rôles pour le déroulement du groupe de travail.

2 – Réaliser

- Rappeler les objectifs et le timing en début de séance.
- Rappeler les règles d'intervention de chacun.
- Suivre le timing de manière précise en réajustant éventuellement les objectifs au fur et à mesure.

3 – Exploiter

- Récupérer toutes les productions et faire une synthèse si nécessaire.
- Faire valider la synthèse.

Conseils

- Ne pas dépasser 5 personnes plus l'animateur.
- Décomposer en plusieurs groupes de travail s'il faut faire participer plus de 5 personnes.
- S'assurer que la personne qui va animer n'est pas trop impliquée personnellement dans le sujet.
- Recentrer le groupe en permanence sur les objectifs.
- Choisir le lieu en fonction des objectifs (salle de réunion dans ou hors de l'entreprise).
- Placer le groupe de travail de préférence le matin.
- Envisager le prolongement par un déjeuner amical ou des plateaux-repas.
- Ne pas dépasser 3 heures de production par journée.

QUELS SONT LES AVANTAGES ET INCONVÉNIENTS ?

Avantages	Inconvénients
– Facile à organiser et relativement facile à animer.	– Notion souvent confondue avec brainstorming.
– Ne nécessite pas beaucoup de moyens, les dépenses sont seulement celles du temps passé par les participants.	– Limitatif en nombre de personnes si on veut que cela soit productif.

COMMENT UTILISER LE DOCUMENT ?

Date : Lieu : Heure :	But du groupe de travail :	Indiquer la date, le lieu, l'heure et le but du groupe de travail

Plan de travail	Objectifs	Atteint
1		
2		
3		
4		
5		
6		
7		
8		
9		
10		

Indiquer le plan de travail de la séance et les objectifs

Cocher dans la colonne « **Atteint** » si l'objectif est réalisé

Lister les participants concernés par le groupe de travail et le travail à réaliser par chacun pour la séance de travail

Nom des participants	À préparer par les participants pour la séance du groupe de travail
participant 1	
participant 2	
participant 3	
participant 4	
participant 5	
participant 6	
participant 7	
participant 8	
participant 9	
participant 10	

17 Diagramme d'Ishikawa

QU'EST-CE QUE C'EST ?

Le diagramme de causes-effets est un outil de recherche en groupe, de classement et de représentation de TOUTES les causes qui sont à l'origine d'un problème traité et des relations entre elles.

À QUOI CELA SERT ?

- Faciliter la recherche des causes possibles d'un problème ou d'un effet.
- Permettre la visualisation des causes d'un problème ou d'un dysfonctionnement.
- Présenter sous une forme graphique les relations entre causes et effets et les dépendances entre les causes.
- Structurer et faciliter le travail en groupe.

Dans quels cas utilise-t-on cet outil ?

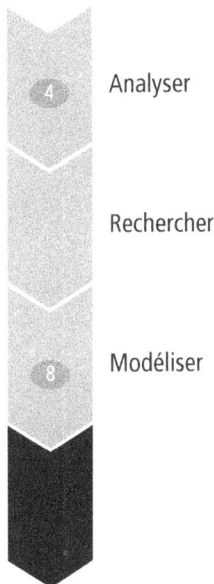

4 Analyser

Rechercher

8 Modéliser

QUELLE EST LA MÉTHODE ?

1 – Déterminer l'effet ou le problème à analyser

2 – Réaliser un brainstorming pour déterminer toutes les causes possibles du problème étudié

3 – Définir les grandes familles (catégories) de causes possibles, choisir les familles les plus caractéristiques du problème à traiter (5 à 6 familles maximum). Usuellement, on utilise les 5 M qui sont : Méthodes, Main-d'œuvre, Matériel, Matière, Milieu

4 – Classer les causes dans chaque famille en les regroupant entre elles, par nature, et les représenter sur le schéma (causes de niveau 1)

5 – Pour chaque cause de niveau 1, se poser la question «pourquoi?» de façon à déterminer les causes de niveau 2 et les représenter sur le schéma

6 – Procéder de même pour les causes de niveau 3 et les représenter sur le schéma, etc.

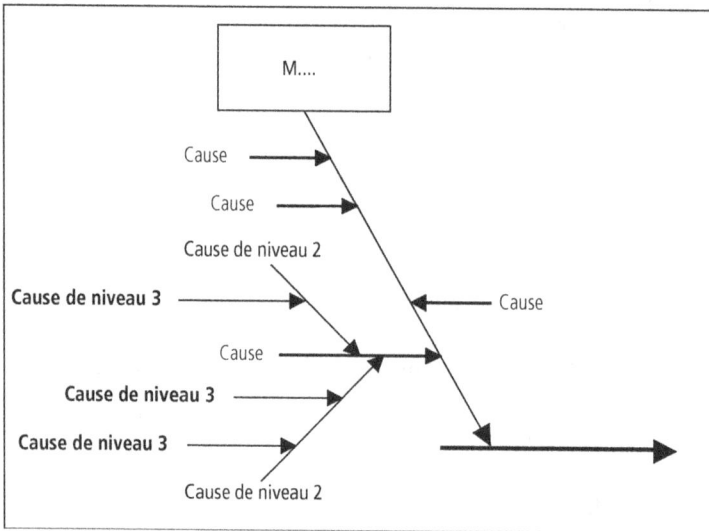

QUELS SONT LES AVANTAGES ET INCONVÉNIENTS?

Avantages	Inconvénients
– Facilite le travail en groupe.	– Aspect parfois touffu pour des problèmes très complexes.
– Permet une lecture facile.	– Nécessité de savoir différencier l'essentiel de l'accessoire.

Avantages	Inconvénients
– Permet de structurer la réflexion. – Facile à utiliser. – Permet de relancer la créativité, après une séance de brainstorming.	– Ne permet pas de mettre en évidence les combinaisons ou les interactions de causes qui sont à l'origine d'un problème.

COMMENT UTILISER LE DOCUMENT ?

Indiquer les causes liées à une action humaine : le comportement, la qualification, les habitudes de travail, personnel, qualification, formation, expérience...

Indiquer les causes liées à l'organisation : comment on travaille, circuits et procédures, modes opératoires, lois, règlements, spécifications...

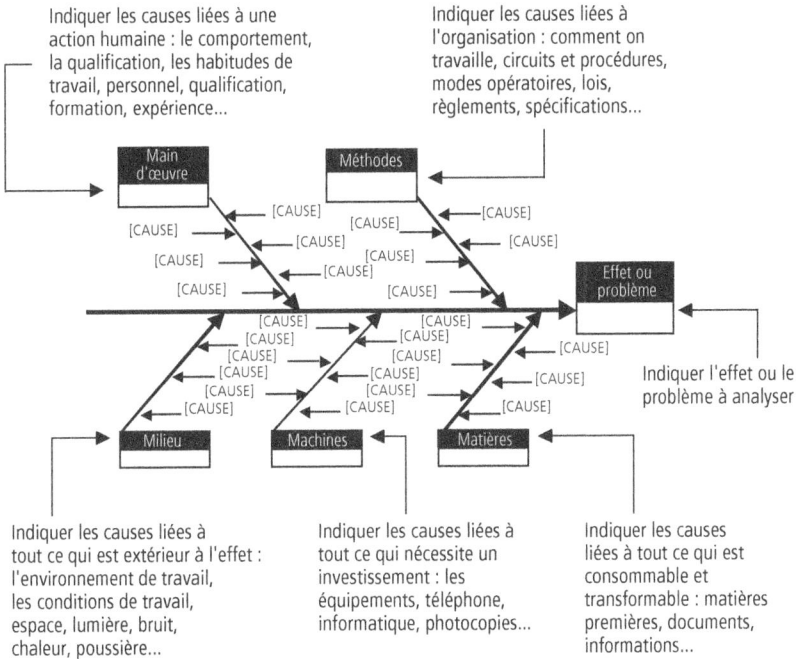

Indiquer les causes liées à tout ce qui est extérieur à l'effet : l'environnement de travail, les conditions de travail, espace, lumière, bruit, chaleur, poussière...

Indiquer les causes liées à tout ce qui nécessite un investissement : les équipements, téléphone, informatique, photocopies...

Indiquer les causes liées à tout ce qui est consommable et transformable : matières premières, documents, informations...

18 Tableau des solutions

QU'EST-CE QUE C'EST ?

Outil utilisé pour proposer des actions ou moyens susceptibles de supprimer ces dysfonctionnements.

Dans quels cas utilise-t-on cet outil ?

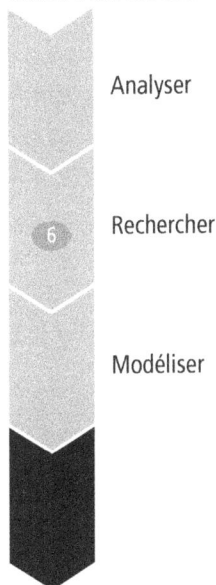

Analyser

Rechercher

Modéliser

À QUOI CELA SERT ?

- Proposer des idées de solutions fonctionnelles aux dysfonctionnements des procédures.
- Proposer des idées de solutions opérationnelles aux dysfonctionnements des processus.
- Proposer des solutions d'amélioration d'un produit.

QUELLE EST LA MÉTHODE ?

1 – Collecter de manière individuelle et pour chacun des éléments l'ensemble des idées de solutions auprès des acteurs concernés (opérateurs, responsables de service, niveau politique)

2 – Collecter de manière participative, en groupe, l'ensemble des idées de solutions des acteurs

3 – Regrouper l'ensemble des idées de solutions dans le modèle utilisé

4 – Ajouter à ces modèles les idées de solutions apportées par l'analyste.

6 – Faire valider les solutions ainsi modélisées par les responsables de service

Conseils

- Éviter toute censure.
- Émettre et faire émettre le plus d'idées de solutions possibles par élément étudié.
- Mettre en œuvre les outils de créativité.
- Noter aussi les idées qui ne concordent pas avec les objectifs.

QUELS SONT LES AVANTAGES ET INCONVÉNIENTS ?

Avantages	Inconvénients
– Productif car basé sur une démarche participative.	– Nécessite un travail de recensement important et pouvant s'avérer long dans le cas où les champs de l'étude sont importants.
– Très exhaustif.	– Nécessite pour être efficace de pouvoir s'appuyer sur d'autres outils d'aide à la critique ou de créativité.
	– Ne propose pas de niveau de synthèse.

COMMENT UTILISER LE DOCUMENT ?

Décrire la ou les solutions proposées

Pour faciliter la prise de décision, spécifier pour chacune des solutions proposées leurs avantages et inconvénients

Type de solution	Description de la solution proposée	Aide à la décision	
		Avantages	Inconvénients
Solution Coût			
Solution Qualité			
Solution Temps			

19 Matrice multicritère

QU'EST-CE QUE C'EST ?

Dans quels cas utilise-t-on cet outil ?

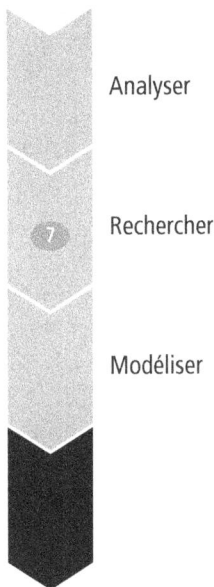

L'analyse multicritère est un outil d'aide à la décision permettant d'effectuer en groupe un choix en fonction de critères préalablement définis.

Analyser

Rechercher

À QUOI CELA SERT ?

Modéliser

• Choisir un sujet, une solution, une action à traiter lorsque le nombre de possibilités est important.

QUELLE EST LA MÉTHODE ?

1 – Définir avec le groupe les critères de choix

2 – Établir en groupe un barème de pondération :
   • Par exemple :
      – critère très important : 3
      – critère important : 2
      – critère moyennement important : 1
   • ou
      – urgence : 3
      – faisabilité : 2
      – coût : 1

3 – Construire la matrice multicritère sous forme d'un tableau à double entrée :

- en colonnes : les solutions, actions ou problèmes à traiter proposés
- en lignes : les critères de sélection (6 maximum) en indiquant le coefficient de pondération

4 – Inscrire dans chaque case, les notes (1 à 5) données par chaque membre du groupe. Toutes les actions ou solutions doivent tous être notées pour l'ensemble des critères.

5 – Totaliser les notes dans chaque case et multiplier le résultat par le coefficient de pondération

6 – Effectuer le total de chaque colonne

7 – La solution ou l'action qui totalise le plus grand nombre de points sera retenue

QUELS SONT LES AVANTAGES ET INCONVÉNIENTS ?

Avantages	Inconvénients
– Utilisation facile.	– N'est envisageable que sur un maximum de dix critères.
– Prise en compte de l'avis d'un ensemble de personnes.	– Difficulté à établir les critères et coefficients de pondération.
	– Les résultats peuvent être faussés par une pondération mal choisie.

COMMENT UTILISER LE DOCUMENT ?

Décrire sommairement les solutions ou les actions qui vont faire l'objet d'une notation en fonction des critères identifiés

Cliquer sur le bouton «**Initialiser**» pour une nouvelle saisie

Saisir les critères de sélection identifiés pour l'ensemble des solutions ou actions

Choisir le critère de sélection (cf. barème de pondération)

Indiquer les notes totales attribuées par les participants (cf. barème de notes) pour chaque solution en fonction du critère de sélection

Cliquer sur le bouton « **Visualisation du camembert** » ou « **Visualisation de l'histogramme** » pour afficher sous la forme d'un graphique les résultats

20 Réunion de décision

QU'EST-CE QUE C'EST ?

Outil de communication permettant l'échange de point de vue sur un ou plusieurs sujets précis afin d'obtenir des arbitrages.

À QUOI CELA SERT ?

- Clarifier certains points avant de demander une prise de position.
- Permettre un échange afin d'éclairer certains points.
- Connaître le positionnement et l'opinion de chacun des participants.
- Mettre en œuvre des outils d'aide à la décision.
- Obtenir une concrétisation de la prise de décision dans un document.
- Dynamiser le système projet.

Dans quels cas utilise-t-on cet outil ?

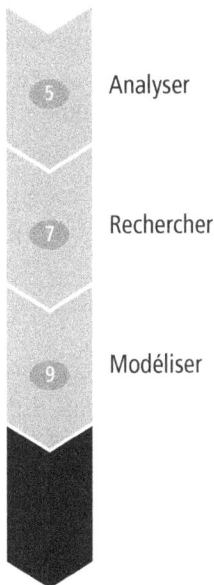

5 Analyser

7 Rechercher

9 Modéliser

QUELLE EST LA MÉTHODE ?

1 – Préparer
- Faire la liste des points à aborder.
- Faire «tourner» la liste entre les participants pour qu'ils la complètent.
- Construire un conducteur de réunion en chiffrant le temps nécessaire à chaque point.

- Faire valider le conducteur de réunion à chaque participant.
- Organiser la logistique (salle, moyens matériels…).

2 – Animer

- Rappeler les objectifs principaux de la réunion et le cadre (délais, règles de fonctionnement).
- Choisir une personne qui se chargera de l'animation de la réunion.
- Choisir un modérateur qui s'assurera du respect du timing.
- Choisir un rapporteur qui se chargera de la prise de notes et du compte rendu.

3 – Exploiter

- Faire le compte rendu (ou relevé de décisions) soit en temps réel (pendant la réunion) soit en différé.
- Diffuser le compte rendu pour validation aux participants.
- Communiquer le compte rendu aux différents destinataires.

Conseils ➜

- Ne se réunir que sur un objectif clair et précis fixé à l'avance.
- Ne se réunir que si c'est le moyen le plus efficace.
- Ne réunir que les acteurs concernés.
- Une réunion doit être préparée.
- La durée optimale se situe entre 45 minutes et 1 h 30.
- Éliminer tout contact avec l'extérieur pendant le temps de la réunion.
- Être rigoureux dans le respect des horaires et dans le centrage sur le sujet.
- Favoriser la participation de tous les acteurs.
- Démasquer les obstacles cachés : antagonismes des acteurs, sujets délicats, perturbations liées aux horaires, à la durée, à la méthode, aux objectifs particuliers des participants susceptibles de faire dévier la réunion…
- Il est préférable que l'animateur et le rapporteur soient deux personnes différentes.
- Ne pas dépasser 7 personnes dans la réunion.

Quels sont les avantages et inconvénients ?

Avantages	Inconvénients
– Au-delà de la prise de décision permet de faire passer des messages.	– Consommateur de temps et donc de coûts.
– Permet d'avoir le non-verbal de chacun des participants.	– Souvent tribune pour exercer le pouvoir.

Comment utiliser le document ?

Date : Lieu : Heure :	Type de réunion :	Participants :

Indiquer les différentes mentions relatives à la réunion pour faciliter la préparation, la consignation, la communication vers les autres acteurs et l'archivage du document :
– Date de la réunion
– Lieu de la réunion
– Heure de la réunion
– Type de réunion (comité de pilotage, réunion d'avance, point d'étape, réunion de clôture)
– Participants : indiquer le nom et la fonction des acteurs présents à la réunion, absents et excusés

Thèmes prévus	Tps prévu

Indiquer l'ordre du jour de la réunion en listant :
– Les thèmes qui devront être abordés au cours de la réunion par ordre d'importance
– Le temps accordé pour chacun des thèmes abordés

Décisions prises, actions à entreprendre, dates d'échéances	Acteurs

Consigner les décisions prises au cours de la réunion et actions à entreprendre en précisant :
– La date d'échéance pour chacune des décisions/actions (action pour quand ?)
– Les acteurs qui seront chargés de la mise en œuvre des décisions ou actions (qui fait quoi ?)

Prochaine réunion :

Date/Lieu/Heure :

Thèmes à aborder :

Préparer la prochaine réunion en indiquant :
– Date de la prochaine réunion
– Lieu de cette réunion
– Heure de la réunion
– Type de réunion (comité de pilotage, réunion d'avancement, point d'étape, réunion de clôture)
– Thèmes qui seront abordés au cours de cette prochaine réunion

21 Plan d'action

QU'EST-CE QUE C'EST ?

Outil de planification des actions à mener, rendant compte des retards éventuels et des gains escomptés. Grille permettant de re-planifier des actions à l'intérieur d'un projet à la suite de décisions ou de changement d'objectifs.

À QUOI CELA SERT ?

- Coordonner les actions suite à une prise de décision.
- Améliorer la communication dans le service.
- Coordonner les efforts des différents acteurs en développant l'esprit d'équipe.
- Identifier, analyser et résoudre les problèmes opérationnels.
- Permettre le suivi des actions.
- Permettre la réorientation d'un projet sans perdre de temps.

Dans quels cas utilise-t-on cet outil ?

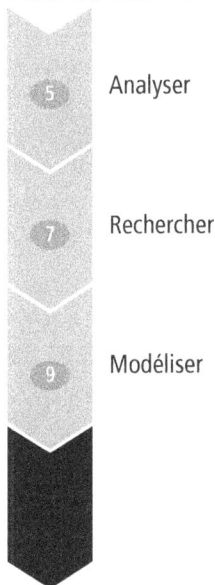

5 Analyser

7 Rechercher

9 Modéliser

QUELLE EST LA MÉTHODE ?

- Déterminer les actions à mettre en œuvre.
- Identifier l'objectif de l'action : résultats attendus, effets induits.
- Définir le responsable de l'action et prévoir, le cas échéant, les différents acteurs et leurs rôles : Qui réalise ? Qui décide ? Qui anime ? Qui communique ? Qui pilote ? Qui suit ?

• Définir les moyens : matériels, humains, financiers, informatiques, organisationnels, dispositifs de formation et/ou de communication, soutien ou aide, délégations...

• Préciser la charge nécessaire pour chaque action : nombre de jours/homme nécessaire à la réalisation de l'action.

• Préciser la date de fin prévue de l'action.

Conseils

Selon l'objectif du plan d'action présenter les éléments suivants :

– Fondements : présenter les raisons du choix de l'action.

– Indicateurs de réussite : les éléments chiffrables qui vont permettre d'évaluer l'atteinte de l'objectif de chaque action.

– Moyens de contrôle : dispositif de suivi et d'évaluation.

– Etat de l'action : Terminé (T) ; En cours (EC) ; A faire (AF) ; Annulé (AN) ; Différé (DF).

QUELS SONT LES AVANTAGES ET INCONVÉNIENTS ?

Avantages	Inconvénients
– Simplicité d'utilisation.	– La mise en place peut être fastidieuse.
– Regroupement d'informations claires.	
– Représentation simple et communicante d'une planification d'actions.	

COMMENT UTILISER LE DOCUMENT ?

Indiquer l'objectif global
du plan d'action

Indiquer la date de
mise à jour du plan
d'action

Objectif du plan d'actions :						Date de mise à jour	
Désignation	Objectif	Resp.	Moyens	Charge	Date de fin	État	Commentaires

Indiquer
l'intitulé de
l'action

Préciser pour chaque action :
– Objectif
– Responsable de la mise en œuvre
– Moyens
– Charge
– Date de fin prévue

État de l'action : Terminé (T) ;
En cours (EC) ; À faire (AF) ;
Annulé (AN) ; Différé (DF)

22 Brainstorming

QU'EST-CE QUE C'EST ?

Outil de créativité libre et ordonnée qui permet de rechercher en groupe et en toute liberté un maximum d'idées sur un sujet donné ou d'inventer des solutions pour résoudre un problème.

À QUOI CELA SERT ?

- Produire en groupe un maximum d'idées.
- Faciliter la recherche d'idées par la suppression des autocensures.
- Permettre le travail de groupe.

Dans quels cas utilise-t-on cet outil ?

Analyser

6 Rechercher

Modéliser

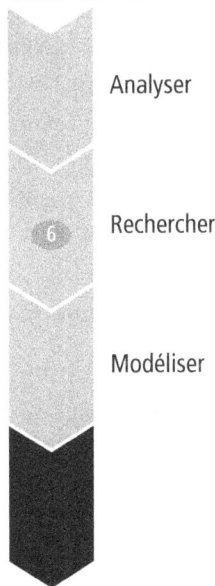

QUELLE EST LA MÉTHODE ?

Conditions :

- La séance de brainstorming doit être pilotée par un animateur.
- Prévoir un groupe de 6 à 8 personnes environ.
- Prévoir une réunion entre 1 heure et 2 heures environ : ne pas limiter cependant la durée, la séance doit se prolonger jusqu'à épuisement des idées.
- Le brainstorming se déroule en 3 phases qui devront rester bien distinctes :
  – Présentation

– Production

– Exploitation

Remarque : la phase d'exploitation peut être réalisée par un groupe différent de celui de la production, dans ce cas en informer les participants dès le départ.

Règles de fonctionnement :

- Il est essentiel de ne pas critiquer les idées émises.
- Le pillage des idées des autres et l'association d'idées est recommandé.
- Il est important de ne pas s'autocensurer ni d'avoir d'*a priori*.
- L'objectif est d'énoncer le plus d'idées possibles.
- Dans un premier temps, chacun parle à son tour et émet une idée à la fois, puis dans un second temps, il convient de laisser libre la prise de parole.

Déroulement des 3 phases :

1 – Présentation :

- L'animateur énonce les règles de fonctionnement et les affiche afin que chacun respecte les étapes de production et d'exploitation
- Il présente le sujet au groupe et en propose une formulation sous forme de question
- L'animateur s'assure que chacun est d'accord pour traiter le sujet et qu'il a pour tous la même signification
- Il écrit le sujet sur un tableau qui doit rester visible pendant toute la durée de la réunion : le problème doit être formulé clairement
- Si besoin est, l'animateur peut donner quelques minutes de réflexion aux participants afin que chacun note toutes les idées qui lui passent par la tête et qui peuvent contribuer à la solution recherchée

2 – Production :

Déroulement

- Chaque participant, à tour de rôle, énonce une seule idée par tour de table que l'animateur inscrit au tableau (ou dit « je passe »)
- Exploiter les idées émises par association pour en émettre d'autres
- Chacun note les idées nouvelles suggérées par les autres. Il les exprime à son tour de parole

- Lorsque la production d'idées ralentit, on peut laisser libre la prise de parole
- La fin de la phase de production se situe quand les idées sont des paraphrases de ce qui a été dit au préalable

Rôle de l'animateur

- Faire respecter les règles annoncées
- Relancer la production lorsque l'émission s'arrête, en sollicitant les participants sur des phrases déjà émises, pour les inciter à trouver de nouvelles idées à partir de ces phrases

3 – Exploitation

Approfondissement

- Reformuler ou faire préciser les idées floues ou peu claires

Élimination :

- Éliminer les idées sans liens exploitables avec le sujet traité
- Éliminer les redondances ou les formulations différentes ayant le même sens

Classement par famille et sélection d'idées :

- Sélectionner les idées les plus intéressantes
- Regrouper les idées de même nature et les classer par famille ou par thème
- Pour la hiérarchisation, utiliser éventuellement d'autres outils pour la sélection et le choix des idées (matrice multicritère, vote pondéré…)
- Élaborer éventuellement un programme de travail pour aboutir à une solution

QUELS SONT LES AVANTAGES ET INCONVÉNIENTS ?

Avantages	Inconvénients
– Produire de nombreuses idées en un temps restreint.	– Nécessité d'une formation préalable de l'animateur à la pratique de cet outil.
– Simplicité d'organisation.	– Efficacité conditionnée par le respect de règles strictes de fonctionnement.
– Favoriser la créativité et l'émergence d'idées nouvelles.	– Risques de manque de réalisme dans les idées émises.
– Favoriser l'expression de chaque participant.	
– Contribuer à la cohésion du groupe.	

COMMENT UTILISER LE DOCUMENT ?

Lister toutes les idées des participants

Préciser le thème ou la famille auquel est associée l'idée émise

Cliquer sur le bouton « OK » pour visualiser les thèmes (et idées) par ordre alphabétique

Cliquer sur le bouton de sélection pour visualiser un thème ou une famille particulier

Liste d'idées	Thème associé	OK

▶ ▶│\Brainstorming /   │◀│

QU'EST-CE QUE C'EST ?

Outil permettant de recueillir des idées et des propositions de toutes les personnes de l'entreprise.

Lieu physique permettant de collecter de manière écrite des propositions.

À QUOI CELA SERT ?

- Permettre un recueil permanent sur un sujet ciblé ou non
- Mettre en place un recueil d'idées en respectant si nécessaire l'anonymat.
- Permettre à ceux qui ont des difficultés à s'exprimer en public d'avoir un outil d'expression.
- Avoir un système de collecte simple et efficace.
- Pouvoir placer un système de collecte d'idées dans un lieu qui n'est pas nécessairement un lieu de production ou de travail.

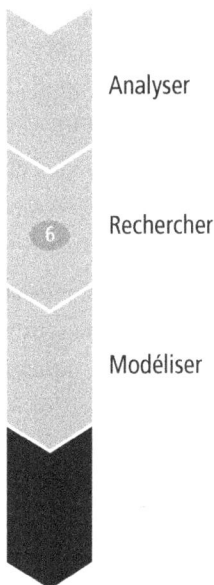

QUELLE EST LA MÉTHODE ?

1 – Définir un objectif
- Définir les objectifs à atteindre soit dans le cadre d'un projet précis soit dans le cadre d'une logique d'amélioration permanente.
- Communiquer sur le lancement de la campagne de collecte.
- Définir un système de récompense pour les meilleures idées.

2 – Mettre en place le système de collecte

- Construire le système de collecte (boîte transparente ou non, intranet ou forum…).
- Communiquer sur les règles et le mode d'emploi des outils mis en place.
- Suivre de manière périodique (journalier) les résultats quantitatifs et qualitatifs de façon à pouvoir réajuster si nécessaire l'organisation ou les objectifs.
- Communiquer sur les résultats obtenus uniquement sur les aspects quantitatifs.

3 – Dépouiller les éléments

- Récupérer les éléments au fur et à mesure.
- Faire le tri des éléments exploitables.

4 – Communiquer sur les résultats

- Faire une synthèse des résultats obtenus.
- Communiquer et remercier les participants.
- Récompenser les meilleurs éléments.

QUELS SONT LES AVANTAGES ET INCONVÉNIENTS ?

Avantages	Inconvénients
– Très simple à mettre en œuvre.	– Ne permet pas l'échange des idées en temps réel.
– Permet d'élargir le spectre de personnes interrogées sans trop impacter le coût global de l'étude.	– Nécessite une bonne communication pour que cela marche.
– Favoriser la créativité et l'émergence d'idées nouvelles.	

COMMENT UTILISER LE DOCUMENT ?

Préciser le thème/sujet dans lequel on a regroupé un ensemble d'idées

Lister les idées se rapportant à ce thème

Indiquer les coordonnées de la personne émettrice de l'idée (nom, Email)

Préciser la nature de l'idée : innovation, amélioration, réflexion, observation

Indiquer la date d'émission de l'idée

Descriptif détaillé des idées	Emmetteur de l'idée		Date	Nature de l'idée
	Nom	Email		
Thème 1				
Idée 1				
Idée 2				
Idée 3				
Idée 4				
Idée 5				
Idée 6				Innovation
Idée 7				Amélioration
Idée 8				Réflexion
Idée 9				Observation
Idée 10				
Thème 2				
Idée 1				
Idée 2				
Idée 3				
Idée 4				
Idée 5				
Idée 6				
Idée 7				
Idée 8				
Idée 9				
Idée 10				
Thème 3				
Idée 1				
Idée 2				
Idée 3				
Idée 4				
Idée 5				
Idée 6				
Idée 7				
Idée 8				
Idée 9				
Idée 10				

24| DAZIBAO

QU'EST-CE QUE C'EST?

Tableau permettant autour d'une question de récupérer l'opinion ou les idées d'un grand nombre de personnes.

Outil de communication permettant l'enrichissement des idées à partir de l'affichage des idées des autres participants.

À QUOI CELA SERT?

- Afficher une problématique ou un projet en cours.
- Afficher l'état du projet en cours (planning, rapport d'étape, événement marquant).
- Susciter l'intérêt de personnes pas nécessairement impliquées dans un projet.
- Recueillir de manière anonyme ou non les idées d'un grand nombre de personnes.
- Utiliser des lieux d'échanges pour favoriser la créativité.

Dans quels cas utilise-t-on cet outil ?

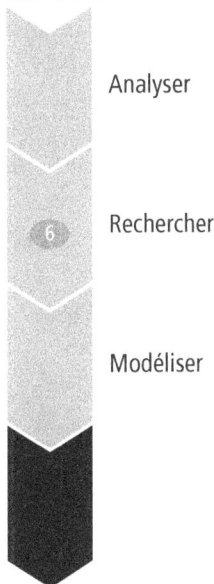

Analyser

6   Rechercher

Modéliser

QUELLE EST LA MÉTHODE?

1 – Définir un objectif
- Définir les objectifs à atteindre dans le cadre d'un projet.
- Communiquer sur le lancement de la campagne de collecte.
- Définir éventuellement un système de récompense pour les meilleures idées.

2 – Mettre en place le système de collecte

- Construire le système de collecte tableau avec un système de post-it à placer dans un lieu d'échanges (près de la machine à café par exemple).
- Communiquer sur les règles et le mode d'emploi des outils mis en place.
- Afficher de manière simple la question qui va permettre aux participants de proposer des idées.
- Afficher sur le tableau les règles de mise en œuvre.
- Suivre de manière périodique (journalier) les résultats quantitatifs et qualitatifs de façon à pouvoir réajuster si nécessaire l'organisation ou les objectifs.
- Maintenir le tableau en enlevant tout ce qui ne concerne pas le sujet en cours.
- Communiquer sur les résultats obtenus uniquement sur les aspects quantitatifs dans un premier temps.

3 – Dépouiller les éléments

- Récupérer les éléments au fur et à mesure, de préférence toutes les demi-journées pour éviter les déperditions ou les censures.
- Faire le tri des éléments exploitables.

4 – Communiquer sur les résultats

- Faire une synthèse des résultats obtenus.
- Communiquer et remercier les participants.
- Récompenser les meilleurs éléments éventuellement.

QUELS SONT LES AVANTAGES ET INCONVÉNIENTS ?

Avantages	Inconvénients
– Très simple à mettre en place.	– Nécessite une surveillance permanente pour éviter les dérives.
– Permet l'enrichissement mutuel grâce à l'affichage de toutes les idées.	– Ne peut se faire sur une durée trop longue (maxi un mois).

COMMENT UTILISER LE DOCUMENT ?

Réagissez sur le thème :

« Intitulé du sujet/thème »

Indiquer le thème ou le sujet sur lequel on sollicite l'expression des personnes

Date :
Réaction

Chaque personne voulant s'exprimer renseigne la date et exprime son opinion sur le thème

25 Diagramme de Pareto

QU'EST-CE QUE C'EST ?

Dans quels cas utilise-t-on cet outil ?

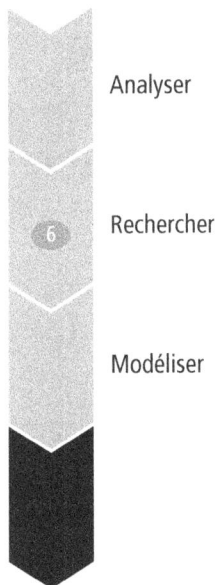

Histogramme représentant des données classées par ordre décroissant d'importance. Il permet de se concentrer sur les actions qui auront le plus grand effet. Il illustre la loi de Pareto, aussi appelée loi des 20/80, constatant le fait que 20 % des causes provoquent 80 % des effets.

Analyser

Rechercher

À QUOI CELA SERT ?

Modéliser

- Faire apparaître les causes essentielles d'un phénomène.
- Hiérarchiser les causes d'un problème.
- Évaluer les effets d'une solution.
- Mieux cibler les actions à mettre en œuvre.

QUELLE EST LA MÉTHODE ?

1 – Établir la liste des données

2 – Quantifier chacune de ces données

3 – Effectuer la somme des valeurs obtenues

4 – Calculer, pour chaque valeur, sa part en pourcentage du total

5 – Classer les pourcentages par valeurs décroissantes

6 – Représenter graphiquement ces pourcentages par un histogramme

7 – Représenter l'histogramme des valeurs cumulées

QUELS SONT LES AVANTAGES ET INCONVÉNIENTS ?

Avantages	Inconvénients
– Facilité de lecture et d'utilisation.	– Aspects quantitatifs privilégiés.
– Prises de décisions rapides.	– Absence de mise en évidence des interactions entre les causes.

COMMENT UTILISER LE DOCUMENT ?

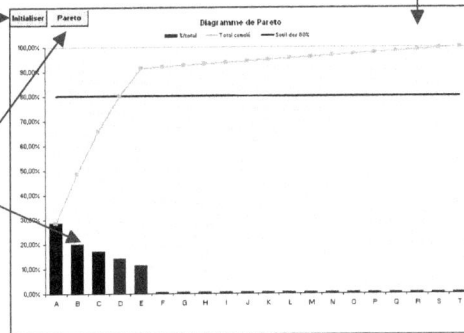

Indiquer la liste de données et leur valeur associée

Affichage automatique de la part en %, de la part cumulée et de l'histogramme des données

Cliquer sur le bouton « **Initialiser** » pour effectuer une nouvelle saisie

Cliquer sur le bouton « **Pareto** » pour avoir une visualisation directe du Pareto : l'ensemble des barres en rouge permet de repérer graphiquement les 20 % de données qui constituent 80 % du phénomène

Les 10 points à retenir

1. Compléter les guides avec votre propre expérience.
2. Construire vos propres outils et les diffuser auprès de vos collaborateurs.
3. Personnaliser les outils en fonction de vos métiers.
4. Eviter d'utiliser les mêmes outils trop souvent.
5. Constituer une base de données d'outils ordonnancée et la mettre à disposition sur un intranet.
6. Compléter votre base d'outils avec des exemples de projets réels.
7. Ne pas s'enfermer dans un mode d'emploi, le plus important c'est l'objectif et le message à faire passer.
8. Utiliser la modélisation incluse dans l'outil quitte à la modifier.
9. Mettre en place des classeurs avec les guides dans chaque service.
10. Utiliser les outils dans un cadre méthodologique pour faciliter le déroulement d'une étude.

Chapitre 3

25 DOCUMENTS PRÊTS À L'EMPLOI ET CONSEILS D'UTILISATION

MODE D'EMPLOI

Ce chapitre est destiné à ceux qui veulent mettre en œuvre l'analyse du besoin. Vous pouvez soit avoir lu le premier et le deuxième chapitres et mettre en œuvre les outils dans l'ordre dans lequel ils sont indiqués dans la méthode, soit vous constituer votre propre méthode en assemblant les outils à votre guise et en mettant en œuvre les modèles de documents.

DESCRIPTION DÉTAILLÉE DU CHAPITRE

Vous trouverez dans ce chapitre :
• Une représentation des modèles de documents associés aux différents outils remplis avec des exemples.
• Les 5 points importants à retenir dans la mise en œuvre de ces outils.

POINTS IMPORTANTS

Ce chapitre nécessite d'avoir compris la logique de l'analyse du besoin, car la réussite tient plus dans la méthode que les outils.

Les modèles présentés sont des bases de travail, ils peuvent être personnalisés pour s'adapter à chaque cas. La personnalisation d'un modèle est une traduction de votre propre appropriation.

Il vous est aussi possible avec l'expérience de vous créer vos propres modèles afin d'enrichir votre «boîte à outils» mais aussi d'ouvrir votre spectre d'analyse.

Toutes les matrices des outils renseignées avec des exemples sont à télécharger sur le site www.editions-organisation.com. C'est pourquoi, dans le livre, elles sont présentées, pour mémoire, en format réduit.

CE QU'IL FAUT RETENIR

Les modèles ne sont que la traduction de votre analyse, cependant ils sont souvent révélateurs de la qualité globale de l'analyse.

La présentation de ces documents est aussi importante que le contenu car ils permettent souvent de communiquer avec les acteurs de l'analyse.

Les modèles de documents sont simples à mettre en œuvre. Néanmoins si vous demandez à d'autres personnes de les utiliser, prenez le temps de leur expliquer la logique globale de l'analyse et l'usage de l'outil associé.

LES MODÈLES DE DOCUMENTS

Les modèles de documents peuvent être mis en œuvre avec la plate-forme bureautique Office.

Ci-dessous vous trouverez le tableau des noms des documents et leur correspondance bureautique.

NOM de l'outil	Logiciel utilisé
1. Note de cadrage	Word
2. Répartition des rôles et des tâches	Excel
3. Entretien	Word
4. Modèle du poste de travail	Excel
5. QQOQCPC	Word
6. Fiche d'auto pointage	Word

NOM de l'outil	Logiciel utilisé
7. Questionnaire	Word
8. Feuille d'analyse	Excel
9. Tableau de répartition des tâches ou des fonctions	Excel
10. Graphe d'environnement	Word
11. Diagramme FAST	Word
12. Tableau des critères	Excel
13. Organigramme	Excel
14. Tableau des critiques	Excel
15. Tableau croisé des fonctions	Excel
16. Groupe de travail	Excel
17. Diagramme d'Ishikawa	Word
18. Tableau des solution	Word
19. Matrice multicritère	Excel
20. Réunion de décision	Excel
21. Plan d'action	Word
22. Brainstorming	Excel
23. Boîte à idées	Excel
24. Dazibao	Word
25. Diagramme de Pareto	Excel

1- NOTE DE CADRAGE

CATALOGUE	NOTE DE CADRAGE
But du projet	Concevoir un nouveau support pour communiquer sur les produits de formation vendus par un centre formation Insérer ce nouveau support dans le processus de conception du centre de formation
Déclencheurs du projet	Evolution des technologies de l'information Achats de formation via Internet Lancement par des concurrents de catalogues de formation sous forme de CD
Études ou réalisations préalables	Etude des sites Internet marchands, dans le monde de la formation
Liste des objectifs et des livrables attendus	Une proposition de nouveau moyen-support de communication permettant la diffusion à plus de 5 000 clients par an Nouveau processus de conception de ce moyen à insérer dans la structure humaine et matérielle du centre de formation actuel
Liste des acteurs du projet	Directrice des stages et Directeur commercial Service édition Clients et utilisateurs du catalogue
Contexte du projet	La conception du catalogue est consommateur de ressources pour la structure La mise à jour périodique nécessite de passer par un imprimeur L'impact de la non distribution du catalogue aux clients n'est pas évalué

Auteur
Nom du Fichier

Date de création
Date de modification

Page
N° de version

Les 5 points à retenir

- Mettre si possible des indicateurs chiffrés sur chaque type d'objectif.
- Travailler sur plusieurs versions du but du projet.
- Faire valider le but et les objectifs par le commanditaire du projet.
- Rester au niveau macro dans la planification.
- Accepter de faire plusieurs versions de la note de cadrage.

CATALOGUE

NOTE DE CADRAGE

Dénomination des phases	Macro planning du projet		Macro planning de charge du projet		Budget prévisionnel du projet (en K€)
	Date de début de projet	Date de fin de projet	Ressources internes (en jours'hommes)	Ressources externes (en jours'hommes)	
Cadrage et planification du projet	Juillet 2006	Juillet 2006	5	0	1 500
Benchmark des concurrents	Juillet 2006	Juillet 2006	10	0	3 000
Analyse du catalogue actuel en tant que produit	Juillet 2006	Juillet 2006	10	0	3 000
Analyse du processus actuel de conception	Juillet 2006	Aout 2006	10	2	4 000
Groupes de travail et de réflexion produit	Sept 2006	Sept 2006	20	0	6 000
Groupes de travail et de réflexion process	Sept 2006	Octobre 2006	20	0	6 000
Elaboration de la synthèse	Octobre 2006	Octobre 2006	10	0	3 000
Proposition d'orientations	Nov 2006	Nov 2006	10	0	3 000
Conception de la nouvelle solution	Nov 2006	Déc 2006	20	5	8 500
Rédaction du cahier des charges	Déc 2006	Déc 2006	10	0	3 000
Ensemble du projet (total)			125,00	7,00	41 000,00

Objectifs à renégocier	Délai final à renégocier, 3 mois de plus soit une date de fin en Mars 2007
Destinataires de la note de cadrage	Pdg et tous les acteurs du projet
Documents joints	Copie de la synthèse des études concernant les sites Internet Planning détaillé du projet

Auteur
Nom du fichier   Date de création   Page 1
                                  Date de modification   N° de version

2 - RÉPARTITION DES RÔLES ET DES TÂCHES

Les 5 points à retenir

- Détailler le planning le plus possible.
- Faire plusieurs plannings par lots si le projet est trop gros.
- Valider la disponibilité des ressources avant de les affecter à une tâche.
- Vérifier comment se répartit la disponibilité d'une ressource dans le temps.
- Faire l'estimation de la charge de travail avec les ressources.

3 - ENTRETIEN

NOM DU PROJET			GUIDE D'ENTRETIEN	
Intitulé de la mission	Projet catalogue		Date de l'entretien	15/07/2006
Objectifs de l'entretien	Faire préciser les phases de conception du catalogue			
Nom et fonction de l'interlocuteur	Directrice des stages			

Thèmes	Questions	Réponses	Remarques
FAITS CONSTATES			
Processus	Qui est présent lors du processus global du catalogue ?	La direction commerciale Le PDG et des assistantes	RAS
Projet	Qui pilote le projet catalogue chaque année ?	Personne c'est en fait des réunions périodiques mais personne n'est vraiment pilote	RAS
Charge	Quelle s est la charge de travail de chaque personne ?	On ne sait pas vraiment, on ne l'a jamais mesuré	Voir projet ORGA
OPINIONS SUR LE SUJET			
Processus	Trop de personnes interviennent sans une véritable organisation	Sans objet	RAS
Projet	Il faudrait un vrai chef de projet qui coordonne et qui arbitre	Sans objet	RAS
Charge	Il serait utile de savoir combien coûte le catalogue en ressources internes	Sans objet	RAS

Auteur
Nom du fichier

Date de l'version
Etat du projet au ....

Page 1
N° de version

		GUIDE D'ENTRETIEN	
NOM DU PROJET			
Thèmes	**Questions**	**Réponses**	**Remarques**
CHANGEMENTS SUGGERES			
Processus	Décrire le processus et le modéliser pour pouvoir le répéter	Sans objet	RAS
Projet	Mettre en place un CP qui ne connaisse rien au processus afin qu'il prenne du recul par rapport au process actuel	Sans objet	RAS
Charge	Mesurer la charge tous les ans, réfléchir à une externalisation	Sans objet	RAS
ACTIONS ENTREPRISES			
Processus	A voir à la fin du projet	Sans objet	RAS
Projet	A voir à la fin du projet	Sans objet	RAS
Charge	A voir à la fin du projet	Sans objet	RAS

Auteur :
Nom du fichier

Date de création :
Date de modification

Page 2
N° de version

Les 5 points à retenir

- Travailler sur le côté relationnel dès le début de l'entretien.
- S'organiser pour que le déroulement soit très professionnel.
- Reformuler sans cesse pour s'assurer d'une compréhension mutuelle.
- Exploiter ses notes le plus tôt possible.
- Remercier la personne qui a passé du temps avec vous.

4 - MODÈLE DU POSTE DE TRAVAIL

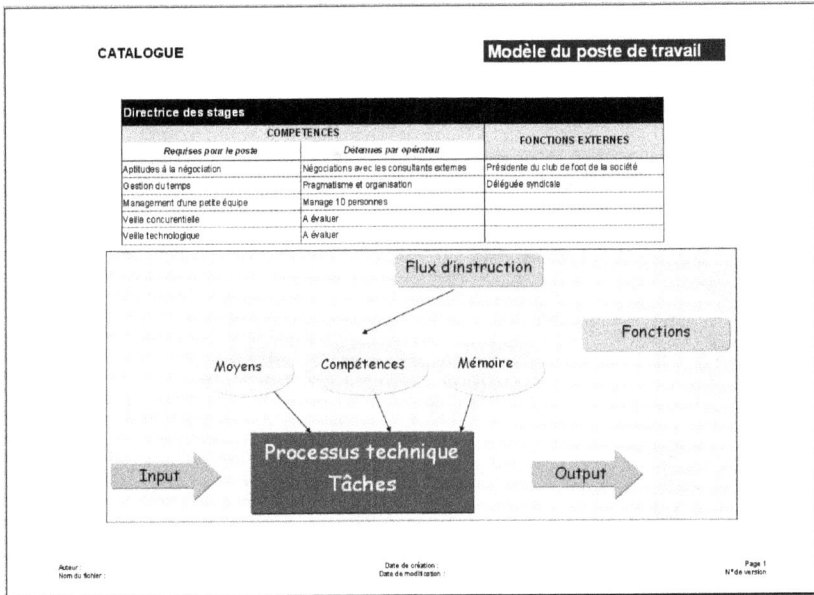

CATALOGUE   Modèle du poste de travail

Directrice des stages		
COMPETENCES		FONCTIONS EXTERNES
Requises pour le poste	*Détenues par opérateur*	
Aptitudes à la négociation	Négociations avec les consultants externes	Présidente du club de foot de la société
Gestion du temps	Pragmatisme et organisation	Déléguée syndicale
Management d'une petite équipe	Manage 10 personnes	
Veille concurrentielle	A évaluer	
Veille technologique	A évaluer	

Flux d'instruction

Fonctions

Moyens   Compétences   Mémoire

Input   →   **Processus technique**
              Tâches   Output →

Auteur :   Date de création :   Page 1
Nom du fichier :   Date de modification :   N° de version

Les 5 points à retenir

- Compléter avec le QQQOQCP si nécessaire.
- Décliner en détail certains points avec d'autres outils si nécessaire.
- Utiliser le graphique pour expliquer le fonctionnement du poste.
- Compléter l'analyse du processus par des mesures quantitatives.
- Évaluer le temps passé sur les fonctions externes.

5 - QQOQCPC

QQOQCPC

Thème à traiter : Comment un client utilise-t-il le catalogue ? _____

	Questions à se poser	Réponses
QUI ?	Qui utilise le catalogue de formation ? Qui appelle pour passer les commandes de formation ?	Les responsables de formation Le DRH Les opérationnels mais surtout dans les petites entreprises
QUOI ?	Qu'est ce qu'un catalogue de formation doit contenir ? Quelle forme doit avoir un catalogue de formation ?	Un accès rapide à l'information, en fait une information de synthèse et une information détaillée Il doit être visible, s'il prend la forme de fichiers on risque de l'oublier, il faut nécessairement du papier
OU ?	A quel endroit sont stockés les catalogues de formation ? A quelle adresse faut il adresser les catalogues de formation ?	Ils sont stockés dans une salle commune qui sert aussi de salle pour le café Il faut les envoyer au Drh car il doit donner son aval pour leur diffusion
QUAND ?	A quel moment faut il envoyer le catalogue ?	Il est préférable de l'envoyer au moment de l'élaboration du plan mais c'est aussi utile de le renvoyer en fin d'année quand il reste des crédits à dépenser

Auteur
Nom du fichier   Date de création
                                                  Date de modification   Page 1
                                                                                                N° de version

CATALOGUE DE FORMATION		QQOQCPC
	Questions à se poser	**Réponses**
COMMENT ?	Comment le catalogue est il utilisé ?	Il doit être pratique car il est utilisé vraiment comme un outil de choix et de sélection Il est consulté plusieurs fois par jour, il pourrait même prendre la forme de fiches pratiques
POURQUOI ?	Le catalogue est il vraiment utile, souhaiteriez vous qu'on le remplace par un autre support ?	Il est certain que si on avait la liberté de commander ses formations soi même sur Internet le catalogue ne serait plus utile, il est surtout utile car il rend visible la société de formation
COMBIEN ?	Combien de catalogues faut il envoyer à une entreprise ?	Il serait évidemment souhaitable que chaque personne ait son propre catalogue, mais nous sommes conscients du coût. Une bonne dizaine serait utile dans notre structure

Auteur
Nom du fichier

Date de création
Date de modification

Page 2
1/1 de révision

Les 5 points à retenir

- Compléter les questions par un pourquoi supplémentaire pour critiquer.
- Redécliner chaque question en une série d'autres questions.
- Expliquer en début de séance les objectifs et le sujet.
- Aller du comment au pourquoi pour faire prendre de la hauteur.
- Décliner le où en vers où.

6 - FICHE D'AUTO POINTAGE

NOM DU PROJET

TABLEAU D'AUTOPOINTAGE

Activités	Début	Fin	Durée	Interruptions	
				Nature	Durée
Faire un prototype de plan de formation	14 h	15 h	60 mn	NON	
Appeler les animateurs externes	16 h	18 h	120 mn	OUI, dans la conversation téléphonique	20 mn
Vérifier le calendrier des stages	12 h	13 h	60 mn	OUI, sans cesse par les consultants	30 mn
Mettre à jour les plans de stage	8 h	9 h	60 mn	Activité récurrente pendant toute la conception	
Répondre aux demandes des consultants	8 h	18 h	60 mn	Activité non planifiable, en fonction des appels et des mails	

Auteur
Nom du fichier

Date de création :
Date de modification :

Page 1
N° de version

Les 5 points à retenir

- Définir les unités de mesure (secondes, minutes…).
- Expliquer en détail le fonctionnement de la grille.
- Expliquer en détail les objectifs de l'étude et de la mesure.
- Accompagner si possible les premières réponses.
- Utiliser les lois statistiques pour prélever et dépouiller.

7 - QUESTIONNAIRE

PROJET CATALOGUE

QUESTIONNAIRE

ENQUETE AUPRES DES SERVICES
AMELIORER LA CONCEPTION DU CATALOGUE DE FORMATION

Positionnement dans le process

1. Vous intervenez dans quelle phase du process *(plusieurs choix possibles)* :

☐ Relation clientèle   ☐ Conception graphique   ☐ Ingénierie de formation (conception) ☐ Mise à jour des formations
☐ Mailing/vente   ☐ Marketing   ☐ Planification des sessions   ☐ Distribution
☐ Autres (à préciser) _____

2. Pour vous, quelles sont les 5 tâches effectuées dans le cadre du process de conception du questionnaire vous prenant le plus de temps ? Et quel est le degré d'importance pour chacune d'elle ?

	Phase du process	Peu important	Moyennement important	Très important
⇨ Tache 1 _____	....	☐	☐	☐
⇨ Tache 2 _____	....	☐	☐	☐
⇨ Tache 3 _____	....	☐	☐	☐
⇨ Tache 4 _____	....	☐	☐	☐
⇨ Tache 5 _____	....	☐	☐	☐

3. Selon vous, quelles sont les 5 tâches effectuées liées au même process qui vous semble inutile et/ou sans valeur ajoutée ?

	Phase du process
⇨ Tache 1 _____	....
⇨ Tache 2 _____	....
⇨ Tache 3 _____	....
⇨ Tache 4 _____	....
⇨ Tache 5 _____	....

- 1 -

PROJET CATALOGUE

QUESTIONNAIRE

Axes d'amélioration du catalogue

4. Sur le document « catalogue », quel est votre degré de satisfaction ?

☐ Pas du tout satisfait   ☐ Peu satisfait   ☐ Satisfait   ☐ Très satisfait

5. Vous trouvez le catalogue *(plusieurs choix possibles)* :

☐ Exhaustif   ☐ Facile à consulter   ☐ Bien agencé   ☐ Attractif
☐ Pertinent   ☐ Bien ciblé   ☐ Clair   ☐ Innovant

6. Selon vous, quels sont les 3 axes majeurs à améliorer dans le process ?

_____
_____
_____
_____

7. Selon vous, quels sont les 3 axes majeurs à améliorer par rapport au document « catalogue de formation » ?

_____
_____
_____
_____
_____

Signalétique

8. Service

☐ Marketing   ☐ Formation   ☐ Commercial   ☐ Reprographie

9. Fonction

☐ Cadre   ☐ Non cadre

- 2 -

Les 5 points à retenir

- Tester avant d'industrialiser, si possible plusieurs fois.
- Utiliser les lois statistiques pour prélever et dépouiller.
- Mettre en place des incitations à réponse.
- Expliquer clairement les objectifs du questionnaire.
- Vérifier le cadre juridique de l'utilisation de l'outil.

8 - FEUILLE D'ANALYSE

Feuille d'analyse

CATALOGUE

Mr ou Mme X	Mr ou Mme X	Mr ou Mme X	Mr ou Mme X	Mr ou Mme X
Direction d'entreprise	Directrice des stages	Directeur commercial	PAO	Reprographie
3ème étage Paris	2ème étage Tours	2ème étage Tours	1er étage TOURS	RDC Tours

Les 5 points à retenir
- Être exhaustif.
- Avoir le souci du détail.
- Suivre le déroulement chronologique du processus.
- Décomposer en plusieurs feuilles d'analyse si le processus est complexe.
- Travailler en amont sur des feuilles de paper board.

9 - TABLEAU DE RÉPARTITION DES TÂCHES ET DES FONCTIONS

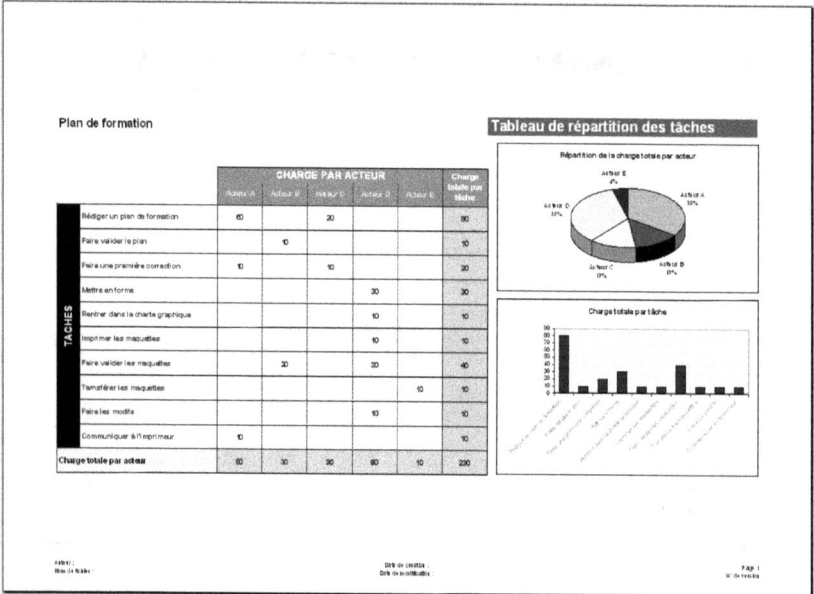

Plan de formation

Tableau de répartition des tâches

TÂCHES	CHARGE PAR ACTEUR					Charge totale par tâche
	Acteur A	Acteur B	Acteur C	Acteur D	Acteur E	
Rédiger un plan de formation	60		20			80
Faire valider le plan		10				10
Faire une première correction	10		10			20
Mettre en forme				30		30
Rentrer dans la charte graphique				10		10
Imprimer les maquettes				10		10
Faire valider les maquettes		20		20		40
Transférer les maquettes					10	10
Faire les modifs				10		10
Communiquer à l'imprimeur	10					10
Charge totale par acteur	80	30	30	90	10	200

Répartition de la charge totale par acteur

Charge totale par tâche

Acteur :
Nom de la table

Date de création :
Date de modification :

Page :
N° de version

Les 5 points à retenir

- Expliquer clairement les objectifs de l'étude.
- Séparer dans 2 tableaux les notions de tâches et les notions de fonctions.
- Exploiter la représentation graphique qui apporte des éléments d'analyse.
- Mesurer le niveau de polyvalence.
- Redécomposer en plusieurs tableaux par exemple par grand processus.

10 - GRAPHE D'ENVIRONNEMENT

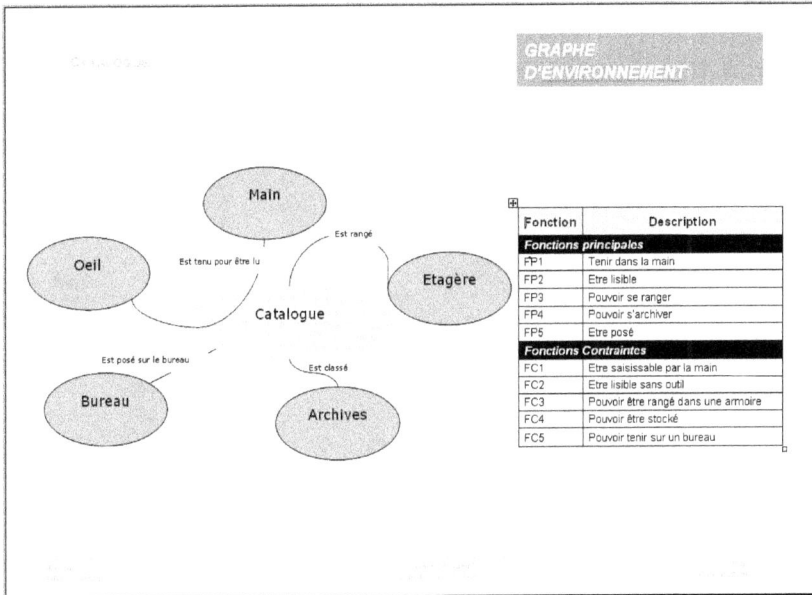

GRAPHE D'ENVIRONNEMENT

Fonction	Description
Fonctions principales	
FP1	Tenir dans la main
FP2	Etre lisible
FP3	Pouvoir se ranger
FP4	Pouvoir s'archiver
FP5	Etre posé
Fonctions Contraintes	
FC1	Etre saisissable par la main
FC2	Etre lisible sans outil
FC3	Pouvoir être rangé dans une armoire
FC4	Pouvoir être stocké
FC5	Pouvoir tenir sur un bureau

Éléments du graphe : Main, Oeil, Etagère, Catalogue, Bureau, Archives — Est rangé, Est tenu pour être lu, Est posé sur le bureau, Est classé.

Les 5 points à retenir

- Faire la liste de tous les éléments d'environnement.
- Faire la liste des éléments immatériels (air, ambiance…).
- Traduire la fonction par un verbe et un complément.
- Faire plusieurs schémas par grande fonction si nécessaire.
- Codifier les fonctions pour les ordonnancer.

11 - DIAGRAMME FAST

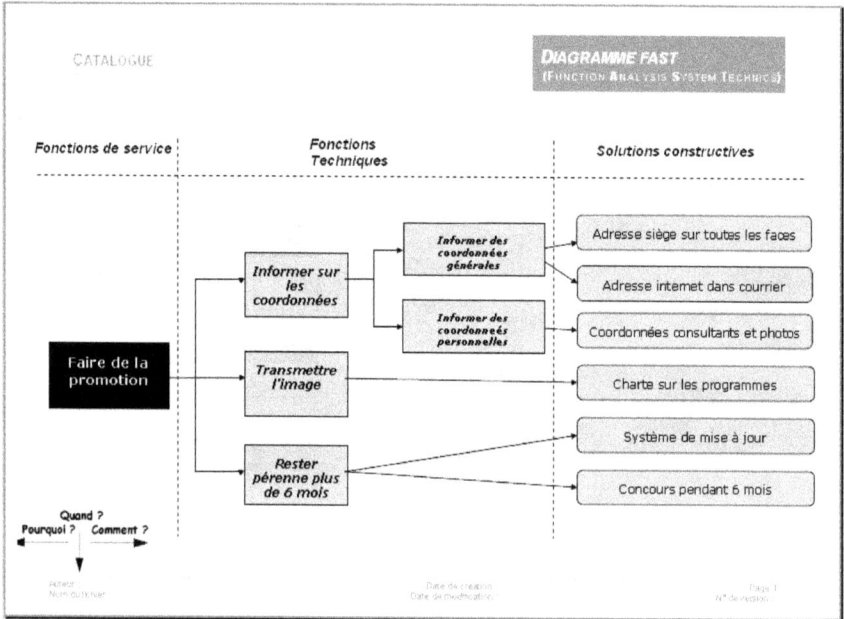

Les 5 points à retenir

- Faire un diagramme par grande fonction.
- Différencier clairement les aspects fonctionnels des aspects techniques.
- Travailler à plusieurs sur le diagramme.
- Faire valider le diagramme par un expert technique.
- Se recentrer en permanence sur l'utilisateur.

12 - TABLEAU DES CRITÈRES

CATALOGUE

Tableau des critères

Niveau de flexibilité	F0 *Flexibilité nulle, niveau impératif*			
	F1 *Flexibilité faible, niveau peu négociable*			
	F2 *Flexibilité bonne, niveau négociable*			
	F3 *Flexibilité forte, niveau négociable*			

Fonctions	Critères	Niveau	Flexibilité	Limites acceptables
Être pratique à consulter	Accès à la table des matières	En moins de 2 secondes	F1	1 à 3 secondes
	Navigation dans les rubriques	En moins de 6 secondes	F1	4 à 10 secondes
	Taille globale	Moins de 21x28 cm	F0	Si possible A5
	Nombre de pages de synthèse	Au moins un par domaine de stages	F2	Sans objet
	Longévité du papier	Au moins 1 an sans traces de doigts	F0	De 1 à 3 ans
Fournir les plans des formations	Exhaustivité des plans	Tous les plans des tous les sujets	F0	Sans objet
	Contenu détaillé	Détails sur les 50 plans les plus vendus	F2	Au moins 10
	Déroulement pédagogique	Sur les 50 plans les plus vendus	F2	Au moins 10
	Plans des cursus	Au moins tous les 10 plans	F3	Au moins 5
	Prix de journée	Sur tous les plans	F0	Sans objet

Auteur :
Nom du fichier :

Date de création :
Date de modification :

Page 1
N° de version

Les 5 points à retenir

- Demander aux décideurs quels sont leurs critères.
- Faire une moyenne des notes si le consensus ne peut être obtenu.
- Ne pas diffuser le tableau sans une validation des décideurs.
- Compléter par une analyse qualitative poussée.
- Prendre en compte aussi le feeling des participants pour décider.

13 - ORGANIGRAMME

CATALOGUE   **Organigramme**

Niveaux Hiérarchiques								
niveau 1			**niveau 2**			**niveau 3**		
n°	*Nom*	*Fonction*	*n°*	*Nom*	*Fonction*	*n°*	*Nom*	*Fonction*
1	William	Pdg	2.1	Ma d'alton	Dir Cial	3.1.1	Calamity Jane	Assistante
						3.1.2	Vernon	Commercial
						3.1.3	Gamble	Commercial
			2.2	Jolly jumper	Dir Marketing	3.2.1	Finger	Assistant
						3.2.2	Léonide	Pao
						3.2.3	Powell	Web master
			2.3	Lucky luke	Dir stages	3.3.1	Jenny	Assistante
						3.3.2	Casey	Reprographe
						3.3.3	Defer	Reprographe
			2.4	Joe	Dir Dev	3.4.1	Billy the Kid	Assistant
						3.4.2	Belt	Chef de projet
						3.4.3	Wilson	Chef de projet
			2.5	Averell	Dir Opé	3.5.1	Miles	Accueil
						3.5.2	Bill	Accueil
						3.5.3	James	Assistante
			2.6	Jack	Dir clients	3.6.1	Younger	Commercial
						3.6.2	Star	Commercial
						3.6.3	Espueles	Assistant

Auteur :
Nom du fichier :   Date de création :   Page 1
                                          Date de modification :   N° de version

CATALOGUE

Organigramme

		Assistante	Calamity jane
	Dir Marketing	Commercial	Vernon
	Ma Dalton	Commercial	Gamble
		Assistant	Finger
	Dir Marketing	PAO	Léonide
	Joily Jumper	Webmaster	Powell
		Assistante	Jenny
Pdg	Dir Stages	Reprographe	Casey
William	Lucky Luke	Reprographe	Defer
		Assistant	Billy the Kid
	Dir Dev	Chef de projet	Balt
	Joe	Chef de projet	Wilton
		Accueil	Mlle's
	Dir Opé	Accueil	Elli
	Averell	Assistant	James
		Commercial	Younger
	Dir clients	Commercial	Star
	Jack	Assistant	Espuelas

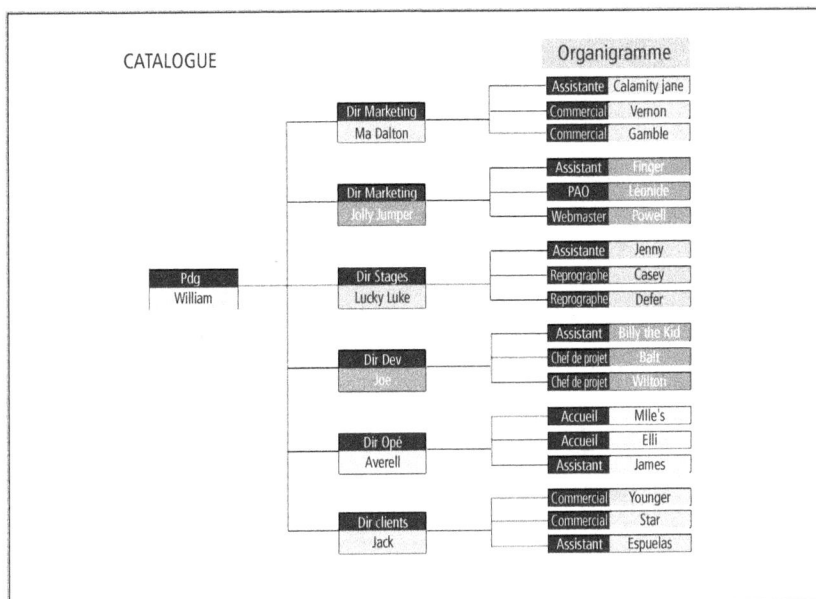

Les 5 points à retenir

- Faire attention à l'orthographe des noms.
- Distinguer fonction occupée et titre du poste.
- Faire plusieurs organigrammes dès que l'on dépasse 30 personnes.
- Utiliser les couleurs par direction ou service.
- Vérifier que la mise à jour est effectuée régulièrement.

14 - TABLEAU DES CRITIQUES

Process Catalogue

Tableau des critiques

Éléments étudié	Critiques	Solutions
Constituer le calendrier global des formations	Très long car les informations sont détenues par plusieurs personnes	Centraliser les informations informatiques et papier sur une seule personne
	Les différents calendriers sous Excel ne sont pas toujours à jour	Utiliser uniquement l'agenda commun
	L'agenda commun n'est jamais mis à jour	Demander un contrôle journalier à l'assistante sur les 6 premiers mois
	Chaque personne intervenant sur le catalogue fait ses modifications sans tenir compte des contraintes des autres	Mettre en place un chef de projet qui coordonne et donne des dates butoirs
	Nombreuses erreurs de saisies	Demander à chacun d'effectuer des relectures
Mettre à jour les plans des formations	Fonction qui n'est pas centralisée par une seule personne	Centraliser sur l'assistante
	Le plan matrice n'est pas le même pour tout le monde	Mettre en place une matrice facile à utiliser sous Word et obliger tout le monde à saisir dans cette matrice
	Pas de date de fin fixée dès le début du projet catalogue	Définir un ensemble de dates négociables et non négociables dès le début du projet catalogue
	La notion de mise à jour n'est pas perçue de la même façon par tout le monde	Faire un annuel expliquant les exigences et critères de qualité n matière de mise à jour
	Certaines mises à jour ne tiennent pas compte des programmes des concurrents	Centraliser la veille sur l'assistante qui fera une synthèse à l'ensemble des consultants

Les 5 points à retenir

- Proposer plusieurs critiques par éléments.
- Proposer plusieurs solutions par critiques.
- Ne pas chercher de cohérence entre les critiques.
- Ne pas chercher de cohérence entre les solutions.
- Noter aussi les solutions qui ne concordent pas avec les objectifs.

15 - TABLEAU CROISÉ DES FONCTIONS

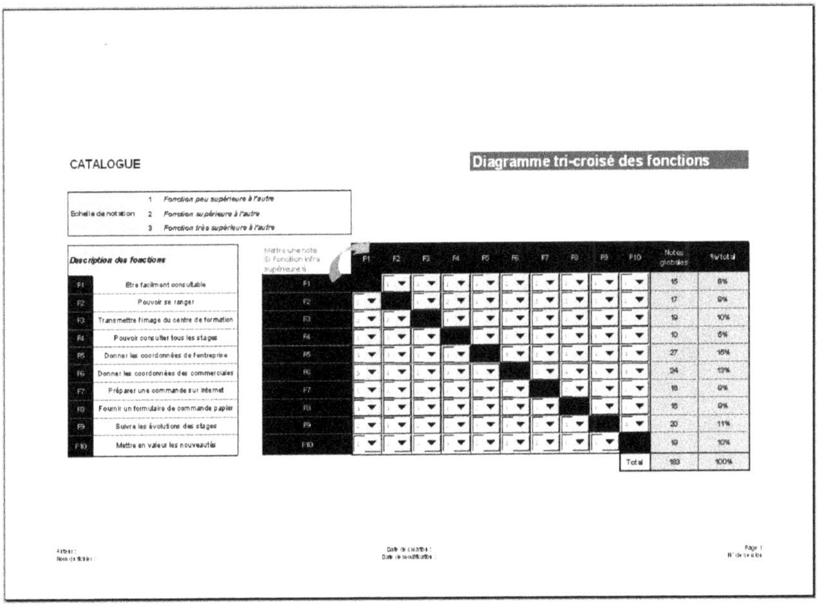

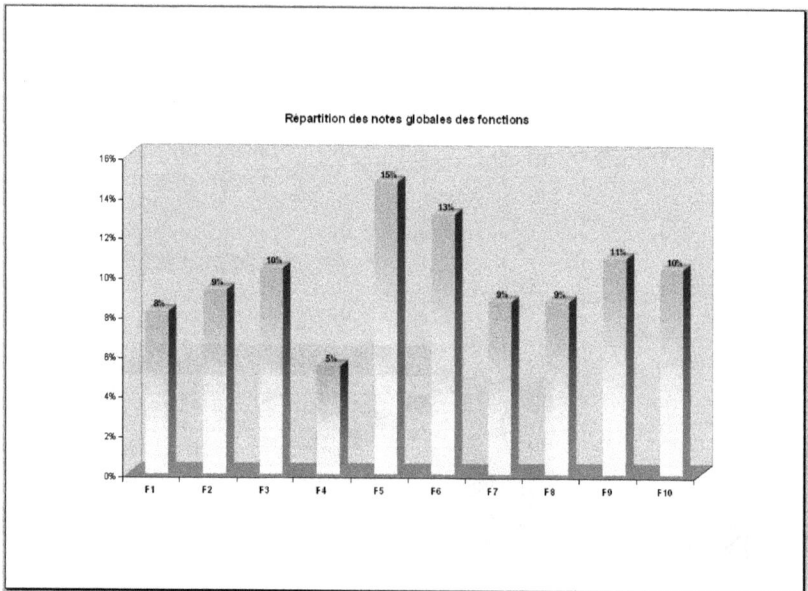

Répartition des notes globales des fonctions

Les 5 points à retenir

- S'assurer que les fonctions mises dans le tableau sont de même type.
- Comparer toutes les fonctions entre elles en respectant l'ordre du tableau.
- Ne pas mettre trop de niveaux de notation (avoir 3 niveaux est la solution la plus appropriée).
- Présenter uniquement l'histogramme et le commenter.
- Isoler les fonctions techniques des fonctions utilisateurs.

16 - GROUPE DE TRAVAIL

Nom du projet : Catalogue

Groupe de travail

Date	15/10/2006
Lieu	Salle Cézanne
Heure	9H

But du groupe de travail :

Réflexion sur les causes du dysfonctionnement du process "concevoir le catalogue"

	Plan de travail	Objectifs	Atteint	Nom des participants	A préparer par les participants pour la séance du groupe de travail
1	DEBRIEFING SUR L'ANALYSE DES BESOINS PAR SERVICE	Avoir une visibilité des besoins à chaque étape du process		M.I	Diagramme du process "concevoir le catalogue"
2	DIAGNOSTIC	Identifier les causes des dysfonctionnements du process		T.T	synthèse des besoins des clients "privés"
3				D.C	synthèse des besoins des clients "publics"
4				R.C	synthèse des besoins des services impliqués dans le process

Les 5 points à retenir

- Définir les objectifs et les rappeler en début de séance.
- Faire participer tous les acteurs.
- Ne pas dépasser 5 personnes dans le groupe de travail.
- Recentrer en permanence sur les objectifs.
- Prendre les notes pour le compte rendu en temps réel.

17 - DIAGRAMME D'ISHIKAWA

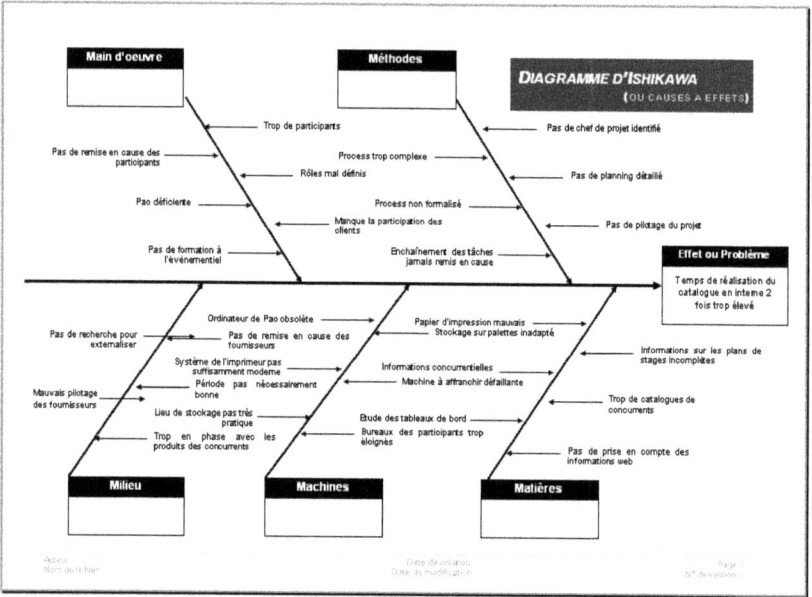

Les 5 points à retenir

- Proposer éventuellement une autre classification que le 5 M.
- Utiliser des post-it si nécessaire pour l'animation.
- Remonter de plusieurs étages sur les causes (successions de pourquoi).
- Utiliser éventuellement le diagramme pour les recherches de solutions.
- Mettre un seul objectif par diagramme.

18 - TABLEAU DES SOLUTIONS

CATALOGUE	**TABLEAU DE PROPOSITIONS DE SOLUTIONS**		
Type de solution	**Description de la solution proposée**	**Aide à la décision**	
		Avantages	**Inconvénients**
Solution Coût	Supprimer le catalogue général et le remplacer par des fichiers envoyés par mail aux responsables de formation	Réduction du processus à la moitié du temps et des ressources nécessaires actuellement Réduction des coûts environ par 5 sur l'ensemble du processus global	Perte d'image probable Inquiétude des clients institutionnels et notamment dans la fonction publique Récupération facile des données par les concurrents
Solution Qualité	Mettre en place un site Internet marchand qui vient en complément du catalogue standard Ajouter dans le catalogue un CD ROM qui contient l'ensemble des stages avec une interface d'accès à ces informations	Diffusion multi canal de la même information permettant de contenter toutes les approches clients Supports moderne et facile à utiliser (CD)	Récupération des informations facile pour les concurrents Coûts et charge doublés par rapport au processus actuel Complexité du projet à mettre en œuvre en parallèle
Solution Temps	Décomposer le catalogue actuel en petits catalogues par thèmes réalisés au fur et à mesure du calendrier et de ses modifications	Avoir une sorte de calendrier perpétuel permettant des réajustements plus faciles en terme de calendrier et d'agenda Industrialisation du process avec une équipe dédiée	Fiabilité du process à valider Mobilisation de ressources à 100% pour alimenter le process Coûts globaux à évaluer

Auteur Nom ou Sigle	Date de création Date de modification	Page 1 N° de version

Les 5 points à retenir

- Essayer de présenter des solutions vraiment différentes.
- Mettre en annexe des documents détaillés plutôt que de charger le tableau.
- Compléter par un plan d'action si nécessaire.
- Compléter par une matrice multicritère pour la prise de décision.
- Faire éventuellement des solutions avec des options.

19 - MATRICE MULTICRITÈRES

CATALOGUE   **Matrice multicritères**

Description des solution ou actions

A	Sous traiter tout le processus en ne fournissant que des contenus
B	Sous traiter l'impression uniquement
C	Sous traiter l'impression et la Pao
D	Mettre en place 2 prestataires un pour la conception et un pour l'impression
E	Tout réaliser en intran en faisant l'acquisition d'une machine

CRITERES DE SELECTION		NOTES TOTALES DES PARTICIPANTS POUR CHAQUE SOLUTION OU ACTION					Barème de notes à attribuer pour chaque participant	
Intitulé	Poids	A	B	C	D	E	0	nul
1 Cout global du catalogue		9	10	12	5	4	1	très faible
2 Durée de réalisation		12	16	16	12	5	2	faible
3 Difficultés de pilotage		10	4	5	10	2	3	moyen
4 Formation des personnes en interne		16	20	20	20	20	4	bon
5 Acquisition de nouvelles compétences		10	12	2	4	8	5	très bon
6								Barème de pondération pour chaque critère
7							1	moyennement important
8							2	important
9							3	très important
10								
Total		123	138	136	116	77		

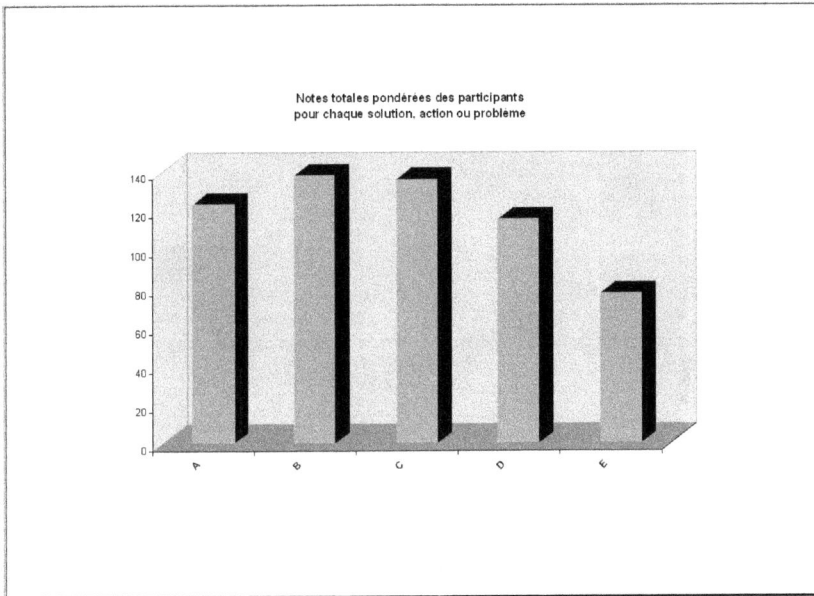

Notes totales pondérées des participants
pour chaque solution, action ou problème

Les 5 points à retenir

– Ne pas influencer les participants sur les notations.
– Demander aux participants les critères à mettre dans le tableau.
– Proposer une liste de critères sans les imposer.
– Chercher le consensus de préférence au calcul d'une moyenne.
– Faire plusieurs étapes successives si nécessaire.

20 - RÉUNION DE DÉCISION

Nom du projet : Catalogue — Relevé de décisions

Les 5 points à retenir

- Commencer à l'heure même si le hiérarchique n'est pas présent.
- Faire tourner la partie «conducteur» quelques jours avant la réunion.
- Consigner les décisions prises en temps réel.
- Diffuser le document au plus tard le lendemain.
- Eviter les phrases compliquées ou vagues.

21 - PLAN D'ACTIONS

CATALOGUE CD						**PLAN D'ACTIONS**		
Référence du projet	Nouveau catalogue CD		**Date de début de projet**	01/01/2007		**Date de fin de projet**	30/07/2007	
Objectif du plan d'actions :	Mettre en place le nouveau catalogue CD, en faire un premier bilan					**Date de mise à jour :**	25/02/2007	
Designation	**Objectif**	**Resp.**	**Moyens**	**Charge**	**Date de fin**	**Etat**	**Commentaires**	
Faire un cahier des charges	Document de 100 pages	HM	Sans objet	20 jours	25/02/2007	En cours	Pas de retard prévu	
Réaliser un premier prototype	Proto V1	CB	Sous traitant	10 jours	30/03/2007	En cours	Attente éléments du CC	
Groupe de travail proto 1	Améliorations	CB	Consultants	5 jours	30/04/2007	A faire	Prévenir consultants	
Réaliser un premier prototype	Proto V2	CB	Sous traitant	10 jours	30/05/2007	A faire	Attente éléments du CC V2	
Groupe de travail proto 2	Améliorations	CB	Consultants	5 jours	30/05/2007	A faire	Prévenir consultants	
Réaliser un premier prototype	Proto V3	CB	Sous traitant	10 jours	30/06/2007	A faire	Attente éléments du CC V3	
Groupe de travail proto 1	Améliorations	CB	Consultants	5 jours	30/06/2007	A faire	Prévenir consultants	
Faire valider version finale	Validation Pdg	HM	Sans objet	1 jour	30/06/2007	A faire	Prévoir RDV 15 j à l'avance	
Faire une séance de formation	Consultants internes formés	GH	Salle et proj	10 jours	30/07/2007	A faire	Réserver salle	
Faire une séance de formation	Consultants externes formés	GH	Salle et proj	20 jours	30/07/2007	A faire	Réserver salles	
Mettre en place le contenu	Catalogue final	TR	Consultants	40 jours	30/07/2007	A faire	Attention date limite	

Les 5 points à retenir

– Préciser aux destinataires que c'est une planification estimative.
– Compléter avec une planification détaillée si nécessaire.
– Effectuer une mise à jour du plan d'action régulière (mini-mensuelle).
– Détailler le plan d'action avec des annexes plutôt que de charger le tableau.
– Faire un plan d'action par projet.

22 - BRAINSTORMING

Catlogue CD	

Brainstorming

Liste d'idées	Thème associé
Mettre en place un jeu concours mensuel	AUTRE
Afficher en permanence le nombre de visites du CD	AUTRE
S'inspirer des plans des concurrents	BENCHMARK
Enlevre la notion de domaine	CONTENU
Mettre un trombinoscope interactif	CONTENU
Mettre en avant les nouvelles techniques de formation	CONTENU
Premettre de composer sa formation soi meme	CONTENU
Mettre en avant les missions de conseil	CONTENU
Créere de nouveaux domaines quite à ne pas le vendre	CONTENU
Faire un CD pour chaque type de domaine	CONTENU
Créer une jaquette originale et interactive	FORME
Transformer le CD en site internet	FORME
Ajouter une vesrion papier avec le CD	FORME
Avoir une interface ludique	FORME
Faire des soldes	VENTE
Avoir un système de bons de commandes électroniques	VENTE
Vendre le CD	VENTE
Rembourser le CD avec la première formation achetée	VENTE
Vendre le CD aux concurrents	VENTE
Distribuer le CD dans des salons	VENTE
Faire une manifestaion dédiée pour la vente du CD	VENTE

Les 5 points à retenir

- Chercher un animateur professionnel.
- Laisser la question principale affichée pendant toute la durée.
- Communiquer sur les règles de fonctionnement au début et en cours.
- Au besoin afficher les règles de fonctionnement.
- Privilégier le quantitatif au qualitatif.

23 - BOÎTE À IDÉES

CATALOGUE — **Boite à idées**

Descriptif détaillé des idées	Emmetteur de l'idée Nom	Email	Date	Nature de l'idée
Catalogue personnalisé par thème				
Mettre un plan détaillé et mettre un plan synthétique	HM	hmarchat@esfi.com	23/05/2006	Amélioration
Mettre des prix dégressifs en fonction du nombre de jours commandés	HM	hmarchat@esfi.com	23/05/2006	Amélioration
Donner des éléments commerciaux sur les autres thèmes	HM	hmarchat@esfi.com	23/05/2006	Amélioration
Donner un parcours pédagogique précis	HM	hmarchat@esfi.com	23/05/2006	Amélioration
Expliquer comment vont se dérouler les études de cas	HM	hmarchat@esfi.com	23/05/2006	Amélioration
Mettre en ligne les CV des consultants	HM	hmarchat@esfi.com	23/05/2006	Amélioration
Expliquer les missions que les consultants ont fait en relation avec les thèmes	HM	hmarchat@esfi.com	23/05/2006	Amélioration
Mettre un trombinoscope des consultants	HM	hmarchat@esfi.com	23/05/2006	Amélioration
Mettre les coordonnées des consultants	HM	hmarchat@esfi.com	23/05/2006	Amélioration
Mettre en place un argumentaire commercial	KL	Sans adresse	26/06/2006	Innovation

Les 5 points à retenir

- Mettre la boîte dans un lieu de passage.
- Fournir tous les moyens pour remplir les fiches (crayons, papier, bureau).
- Récupérer les éléments dans la boîte tous les jours.
- Au besoin sceller la boîte ou la fermer avec un cadenas.
- Demander des réponses anonymes si nécessaire.

24 - DAZIBAO

Les 5 points à retenir

- Mettre le tableau dans un lieu de rencontre et d'échange.
- Effectuer une maintenance régulière du tableau (demi-journée).
- S'assurer de l'approvisionnement régulier en crayons, post-it…
- Ne pas dépasser 15 jours sur le même sujet.
- Faire un retour sur l'utilisation des idées proposées.

25 - DIAGRAMME DE PARETO

L e s   5   p o i n t s   à   r e t e n i r

- Mettre les données par ordre décroissant.
- Ne pas généraliser.
- Faire attention à fiabilité des données introduites dans le diagramme.
- Vérifier que les valeurs restent bien dans le périmètre étudié.
- Compléter par une analyse qualitative.

Les 10 points à retenir

1. Les matrices de documents ne constituent pas un référentiel mais une base documentaire à enrichir.
2. Relire régulièrement les modes d'emploi des documents.
3. Adapter chaque document au sujet traité en le modifiant.
4. Faire attention à la forme et à la présentation.
5. Ne pas passer trop de temps dans la manipulation des fonctions bureautiques.
6. Enrichir la base documentaire en permanence en récupérant tous les outils fabriqués par d'autres personnes.
7. Éviter d'utiliser toujours les mêmes matrices au risque de lasser.
8. Faire attention à la gestion des différentes versions lorsque le document est sujet à modification.
9. Séparer les matrices des documents remplis afin de les conserver intactes pour la prochaine utilisation.
10. Mettre en place un système de codification des documents et communiquer sur cette codification.

Conclusion

MODE D'EMPLOI

La conclusion va vous permettre de comprendre quelle est la logique de construction du document final en fonction de la démarche que vous aurez choisie pour mener l'étude.

DESCRIPTION DÉTAILLÉE DU CHAPITRE

Vous trouverez dans cette conclusion les éléments suivants :
- La déclinaison de la méthode présentée en fonction de la démarche choisie.
- Le down top down.
- Le top down.
- Le prototypage successif.
- Les différents plans du document en fonction du sujet traité et de la démarche choisie.
- Ce qu'il faut mettre comme éléments dans le plan.
- Des conseils de rédaction et de présentation du document.
- Une conclusion générale sur l'analyse du besoin.

LA DÉCLINAISON DE LA MÉTHODE

La méthode « ARM » se déroule sur 10 étapes séquentielles qui constituent le chemin idéal pour aboutir en minimisant au maximum les risques.

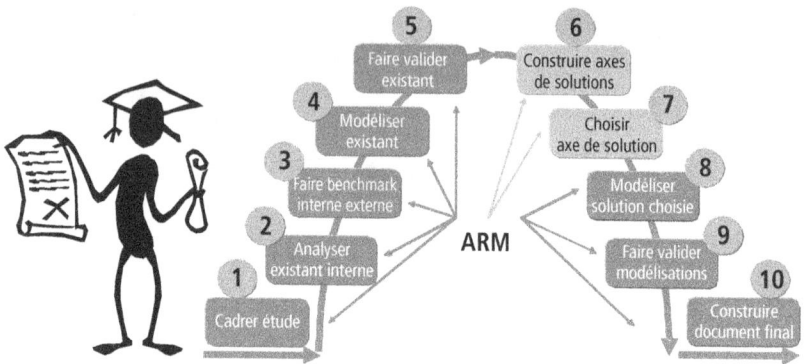

La garantie d'un résultat qualitatif

Toutefois en fonction des projets, du degré d'innovation, de la quantité d'informations de l'existant, du temps donné pour réaliser l'étude, d'autres stratégies peuvent et doivent être adoptées.

Il existe trois stratégies :

- Le down top down.
- Le top down.
- Le prototypage successif.

LE DOWN TOP DOWN

C'est la stratégie la plus classique sur laquelle reposent la plupart des méthodes et notamment les méthodes de résolution de problème.

Le principe est simple :

- Une nouvelle solution ou un nouveau produit ne sera efficace que s'il tient compte de la réalité du terrain et des besoins des utilisateurs.
- Il faut passer du temps dans l'étude de l'existant

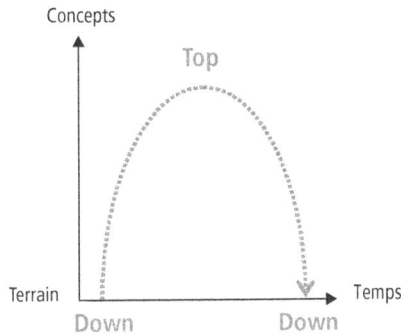

Le top down permet de partir du terrain, des interviews, des observations, des analyses, des benchmark, puis on prend le principe de l'entonnoir et on synthétise les informations récoltées pour en tirer l'essentiel et élaborer de nouvelles voies. Ces éléments permettent la prise de décision et des choix sur des orientations.

Ensuite les orientations choisies sont détaillées et recollent enfin au terrain.

Cette manière de procéder colle parfaitement à la méthode ARM présentée dans cet ouvrage.

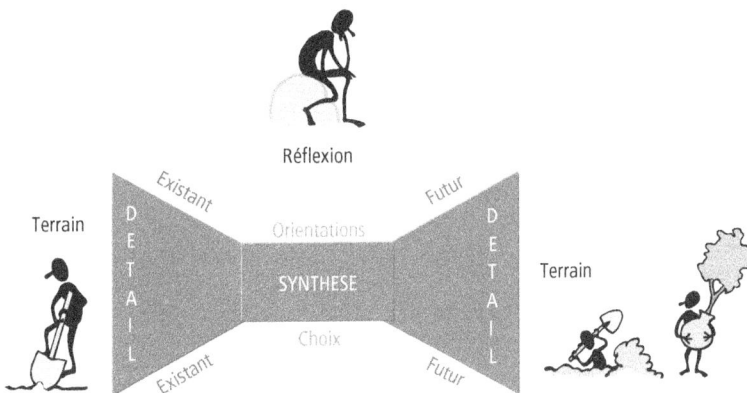

Avantages du down top down

- Les utilisateurs sont impliqués dans l'étude de l'existant et ont le sentiment que l'on prend en compte leurs préoccupations quotidiennes.
- La phase de l'existant permet de faire passer les messages auprès des utilisateurs sur les changements envisagés.
- L'investissement dans l'existant permet de réduire les risques de mettre en place une solution ou un produit inutilisable car trop loin des besoins de terrain.

Inconvénients du down top down

- Les utilisateurs partent du principe qu'à partir du moment où ils ont exprimé un besoin, celui-ci va être réalisé, il faut donc bien préciser qu'exprimer un besoin ne garantit pas sa couverture dès le début du projet.
- La phase d'étude de l'existant est très consommatrice de temps (2/3 du temps de l'étude), de plus elle peut sembler inutile à certains décideurs qui se projettent déjà dans certaines solutions.
- Le temps de l'étude étant assez long il se peut, si la communication n'est pas bonne, que certains utilisateurs pensent que le projet a été abandonné, notamment lors des phases de prise de décision qui peuvent être assez longues dans certains environnements.

LE TOP DOWN

C'est une stratégie beaucoup plus directive. En effet on part d'orientations, voire de pistes de solutions et on conçoit le futur produit ou service à partir de ces orientations.

Cela suppose bien sûr :

- Que l'on sache vraiment vers quoi aller.
- Que l'on soit capable de prendre des risques.

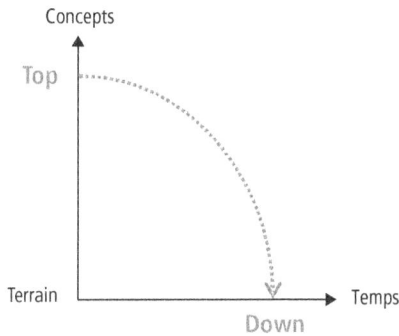

Les gains attendus d'une telle stratégie sont souvent liés au temps et au coût de la phase d'étude. Cette logique s'inscrit assez bien dans les nécessités du moment qui nous imposent d'innover sans cesse, de lancer les produits avant les autres, de dépenser le moins possible.

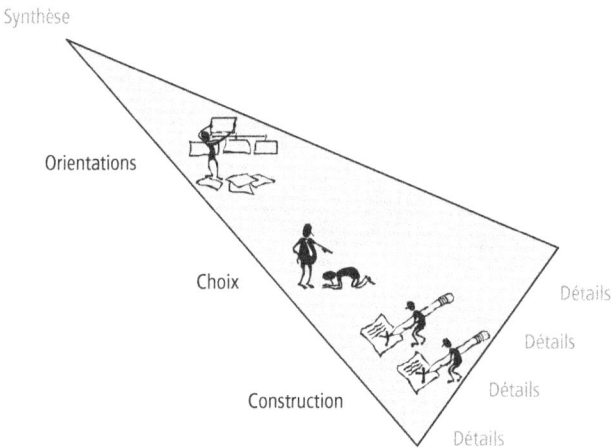

Avantages du top down

- Les gains de temps et de coût sont évidents au moins à court terme et en admettant que les choix soient les bons.
- Il peut être utile parfois de sortir d'une démarche participative qui peut conduire à l'enlisement.

Inconvénients du top down

- Imposer une solution peut entraîner des rejets même si la solution est bonne.
- La communication faite autour d'une telle stratégie doit être adaptée tout de suite car il est impossible de rattraper un blocage.
- Il est parfois nécessaire de revenir sur l'existant sur une partie du périmètre, ce qui peut décrédibiliser la démarche globale.

LE PROTOTYPAGE SUCCESSIF

Cette stratégie consiste à effectuer un down top down très rapide sur une petite portion du périmètre ou seulement sur quelques fonctions du périmètre. On met ensuite le prototype en service auprès d'une population d'utilisateurs choisis pour faire des tests en situation réelle.

À partir des tests on entame une deuxième boucle de down top down sur une autre portion du périmètre ou sur d'autres fonctions et ainsi de suite.

On arrive ainsi par itérations successives à la construction d'un produit ou d'un service.

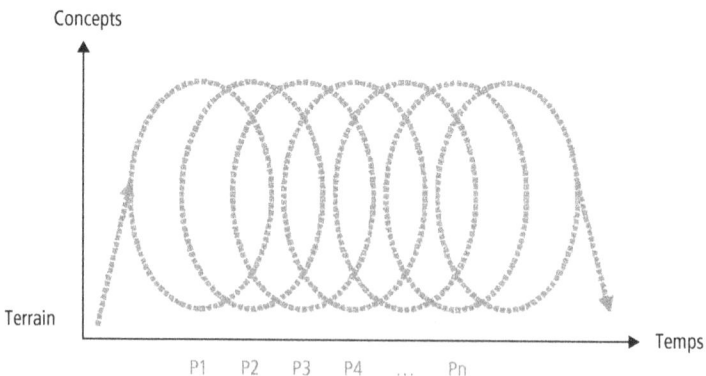

Cette stratégie est intéressante pour les produits ou services à forte innovation. En effet lorsqu'on innove on ne sait pas nécessairement quelles sont les fonctions que vont trouver les utilisateurs au nouveau produit ou service. Il est donc intéressant de les impliquer tout au long de l'étude afin de voir comment ils utilisent le résultat et quelles sont les fonctions qu'ils voudraient avoir.

Ce type de stratégie a été notamment utilisé dans les premiers projets de sites Internet, ou pour la conception de produits innovants

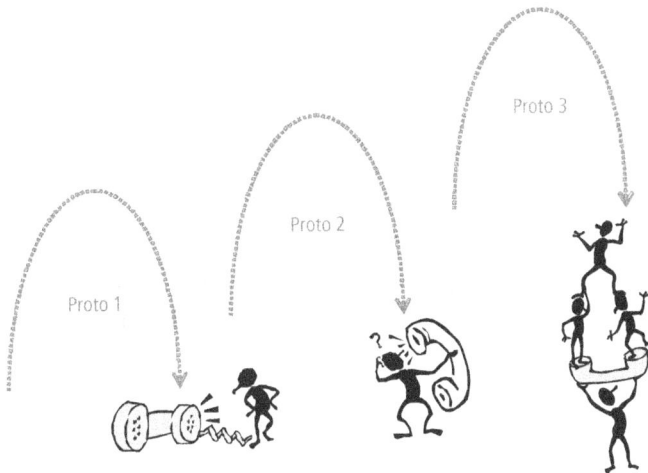

Proto 3

Proto 2

Proto 1

Avantages du prototypage successif

* Ce type de stratégie permet un contact quasi permanent avec les utilisateurs, cela facilite la communication et permet des réajustements permanents et rapides.
* On donne rapidement des solutions même si elles ne sont pas nécessairement fiabilisées.

Inconvénients du prototypage successif

* C'est très difficile de se mettre dans une vraie logique projet dans la mesure où on ne connaît pas la date de fin. En fait chaque boucle est un mini-projet.

* Le projet s'arrête souvent lorsque l'on n'a plus de budget, cela peut produire de la sous-qualité ou de la sur-qualité ce qui fait de la «non-qualité» de toute façon.

* La date de fin est très difficile à placer dans la mesure où les utilisateurs en veulent toujours plus en matière de fonctionnalités.

LES DIFFÉRENTS PLANS DU DOCUMENT EN FONCTION DU SUJET TRAITÉ ET DE LA DÉMARCHE CHOISIE

Le plan du document final est fonction à la fois de la démarche choisie, du sujet de l'étude (produit ou service), du type d'étude ainsi on peut combiner les éléments suivants :

* 3 types de démarches
* Down top down
* Top down
* Par prototypage successif
* 2 sujets d'études
* Produit
* Service
* 2 types d'étude
* Générale
* Détaillée

La meilleure démarche est de partir d'un plan exhaustif tel qu'il est présenté ci-dessous et de retirer des rubriques en fonction de la combinaison des éléments présentés ci-après.

Le document gagnera de toute façon à être le plus complet et le plus structuré possible, c'est grâce à la forme du document que l'on pourra le rendre le plus lisible possible.

L'idéal est de partir du plan général suivant et de l'adapter en fonction des sujets et des options précitées :

1. **Présentation du projet**
    1.1.Éléments généraux du projet
        1.1.1.Contexte du projet
        1.1.2.But et objectifs du projet
    1.2.Organisation du projet
        1.2.1.Planning du projet
        1.2.2.Budget du projet
        1.2.3.Intervenants du projet
2. **Étude de l'existant**
    2.1.Existant interne
        2.1.1.Conditions de réalisation de l'étude de l'existant
        2.1.2.Éléments et modèles de l'existant
        2.1.3.Critiques émanant de l'existant
        2.1.4.Synthèse de l'existant
    2.2.Benchmark interne et externe
        2.2.1.Conditions de réalisation du benchmark
        2.2.2.Éléments et modèles du benchmark
        2.2.3.Critiques émanant du benchmark
        2.2.4.Synthèse du benchmark
3. **Solutions et orientations**
    3.1.Solutions détaillées
        3.1.1.Solutions émanant de la critique de l'existant
        3.1.2.Solutions émanant du benchmark
    3.2.Orientations
        3.2.1.Présentation des différentes orientations
        3.2.2.Orientations choisies
4. **Solutions finales**
    4.1.Description des solutions finales
        4.1.1.Descriptions fonctionnelles
        4.1.2.Descriptions techniques

4.2. Contraintes imposées aux solutions
4.2.1. Contraintes fonctionnelles
4.2.2. Contraintes techniques

5. Conditions de réception et de suivi

5.1. Réception
5.1.1. Conditions de réception du produit ou service
5.1.2. Conditions de validation
5.2. Maintenance
5.2.1. Choix de maintenance curative
5.2.2. Choix de maintenance évolutive
5.3. Garanties
5.3.1. Durées et conditions de garantie
5.3.2. Conditions d'application de la garantie

6. Cadre de réponse

6.1. Présentation de la réponse
6.1.1. Plan du document
6.1.2. Éléments à fournir
6.2. Cadre légal
6.2.1. Éléments administratifs
6.2.2. Éléments juridiques

7. Annexes

7.1. Annexes projet
7.1.1. Annexes 1 à n
7.2. Annexes techniques
7.2.1. Annexes 1 à n
7.3. Annexes administratives
7.3.1. Annexes 1 à n

8. Glossaire

Vous trouverez ci-dessous le plan détaillé du document tel qu'il pourrait être de manière exhaustive. Il suffit de supprimer les rubriques non adaptées et d'ajouter des rubriques vous semblant nécessaires.

Ce document a été construit afin de pouvoir être facilement transformé en appel d'offres interne ou externe.

1. Présentation du projet

1.1.Éléments généraux du projet

1.1.1.Contexte du projet

Définir les principaux éléments pouvant influencer le projet (humains, matériels, techniques…)

Décrire les déclencheurs du projet

Expliquer s'il y a eu des projets similaires en interne ou en externe et quels ont été les résultats

1.1.2.But et objectifs du projet

Définir le but général du projet

Décliner le but en objectifs de temps, de résultat et de budget

1.2.Organisation du projet

1.2.1.Planning du projet

Définir toutes les étapes du projet avec les dates de fin et dates de début

Définir les principaux jalons et notamment les jalons comportant des contraintes fortes

Définir les modes de suivi souhaités pendant le projet (Reporting interne, reporting de la sous-traitance)

1.2.2.Budget du projet

Définir ce qui va être pris en compte pour calculer le budget du projet, coût des ressources humaines internes ou externes, ressources matérielles et sous-traitants

Calculer le budget général du projet et indiquer le plan de trésorerie s'il y a lieu

1.2.3.Intervenants du projet

Faire la liste de tous les intervenants du projet et définir leur rôle dans le projet

Définir les éventuelles instances du projet (Comité de pilotage, comité des utilisateurs…)

2. Étude de l'existant

2.1.Existant interne

2.1.1.Conditions de réalisation de l'étude de l'existant

Décrire comment l'étude s'est déroulée

*Décrire le périmètre, les échantillons choisis et
toutes les conditions de réalisation de l'existant*

Expliquer les arbitrages et choix éventuels

2.1.2.Éléments et modèles de l'existant

Insérer toutes les modélisations de l'existant (schémas, modèles, plans…)

Commenter les modèles de l'existant

2.1.3.Critiques émanant de l'existant

Insérer toutes les critiques recueillies au cours de l'analyse de l'existant que ce soit les critiques individuelles ou recueillies en groupe de travail

Faire un tableau d'ordonnancement des critiques

2.1.4.Synthèse de l'existant

*Faire ressortir si possible sous la forme d'un tableau
une synthèse des points importants émanant de l'analyse de l'existant*

Conclure sur l'analyse de l'existant

2.2.Benchmark interne et externe

2.2.1.Conditions de réalisation du benchmark

Décrire comment l'étude s'est déroulée

*Décrire le périmètre, les échantillons choisis et toutes
les conditions de réalisation du benchmark*

Expliquer les arbitrages et choix éventuels

2.2.2.Éléments et modèles du benchmark

*Insérer toutes les modélisations du benchmark (schémas, modèles,
plans…)*

Commenter les modèles du benchmark

2.2.3.Critiques émanant du benchmark

*Insérer toutes les critiques recueillies au cours du benchmark que ce
soit les critiques individuelles ou recueillies en groupe de travail ou
à l'occasion de visites dans d'autres entreprises*

Faire un tableau d'ordonnancement des critiques

2.2.4.Synthèse du benchmark

*Faire ressortir si possible sous la forme d'un tableau une synthèse
des points importants émanant du benchmark*

Conclure sur le benchmark

3. **Solutions et orientations**

3.1. Solutions détaillées

3.1.1. Solutions émanant de la critique de l'existant

Insérer toutes les solutions recueillies au cours de l'étude de l'existant

Mettre ces solutions sous la forme d'un tableau ordonnancé

3.1.2. Solutions émanant du benchmark

Insérer toutes les solutions recueillies au cours du benchmark

Mettre ces solutions sous la forme d'un tableau ordonnancé

3.2. Orientations

3.2.1. Présentation des différentes orientations

Expliquer comment les orientations ont été prises

Présenter toutes les orientations possibles de l'existant

3.2.2. Orientations choisies

Décrire les orientations finales

Expliquer pourquoi ces orientations ont été choisies

4. **Solutions finales**

4.1. Description des solutions finales

4.1.1. Descriptions fonctionnelles

Décrire les fonctions détaillées des solutions choisies

Faire un tableau récapitulant toutes les solutions en les ordonnançant

4.1.2. Descriptions techniques

Décrire les choix techniques éventuels s'il en existe

Expliquer pourquoi ces choix techniques ont été faits

4.2. Contraintes imposées aux solutions

4.2.1. Contraintes fonctionnelles

Détailler les contraintes appliquées aux solutions fonctionnelles

Expliquer les éventuelles normes imposées

Détailler le niveau de contrainte (négociable ou non négociable)

4.2.2. Contraintes techniques

Détailler les contraintes appliquées aux solutions techniques

Expliquer les éventuelles normes imposées

Détailler le niveau de contrainte (négociable ou non négociable)

5. Conditions de réception et de suivi

5.1.Réception

5.1.1.Conditions de réception du produit ou service

Expliquer comment le produit ou service va être testé à sa livaison
Décrire éventuellement les scénarios de tests.

5.1.2.Conditions de validation

Décrire comment la validation va être faite, et quelle forme elle va prendre (PV de récéption par exemple).

5.2.Maintenance

5.2.1.Choix de maintenance curative

Expliquer les choix de maintenance dans le cas
d'une panne ou d'une interruption de service

Expliquer les contraintes imposées au produit ou service en matière de maintenance curative

5.2.2.Choix de maintenance évolutive

Expliquer dans quelles conditions peuvent se réaliser les évolutions fonctionnelles ou techniques

Détailler les contraintes imposées dans le cadre de ces évolutions

5.3.Garanties

5.3.1.Durées et conditions de garanties

Définir les moyens et les modes de garanties souhaités
Définir le planning des garanties

5.3.2.Conditions d'application de la garantie

Définir les modes d'intervention en cas d'utilisation de la garantie
Définir les aspects financiers liés aux garanties

6. Cadre de réponse

6.1.Présentation de la réponse

6.1.1.Plan du document

Définir le détail du plan du document qui doit servir pour répondre à ce cahier des charges

Définir précisément la présentation imposée au document de réponse

6.1.2.Eléments à fournir

Faire la liste de tous les documents qui doivent venir en appui du document (plans, modèles…)

6.2.Cadre légal

6.2.1. Éléments administratifs

Faire la liste de tous les documents administratifs qui doivent être joints à la réponse

Définir les délais de validité de chacun des documents

Joindre éventuellement des matrices de documents à remplir

6.2.2.Éléments juridiques

Faire la liste des conditions juridiques de réponse et de réalisation

Définir les modes de règlements de litiges éventuels (tribunal compétent…)

7. Annexes

7.1.Annexes projet

7.1.1.Annexes 1 à n

Insérer toutes les annexes projet (planning, budget…) en indiquant dans le corps du document le cross referencement de ces annexes

7.2.Annexes techniques et fonctionnelles

7.2.1.Annexes 1 à n

Insérer toutes les annexes techniques et fonctionnelles en indiquant dans le corps du document le cross referencement de ces annexes

7.3.Annexes administratives

7.3.1.Annexes 1 à n

Insérer toutes les annexes administratives en indiquant dans le corps du document le cross referencement de ces annexes

8. Glossaire

Expliciter tous les termes susceptibles d'être mal compris ou inconnus des lecteurs potentiels

CONSEILS DE RÉDACTION ET DE PRÉSENTATION DU DOCUMENT

Une organisation impeccable   Une navigation facile

Le document émanant de l'analyse des besoins fera l'objet de nombreuses manipulations, lectures et utilisations, en effet il pourra servir :

• De document d'appui pour la réalisation d'un produit ou d'un service.

• De document pour effectuer des arbitrages.

• D'apport pour la communication vers des utilisateurs.

• De document de référence pendant toute la durée du projet de fabrication.

• De contrat dans le cas de la réalisation par un sous-traitant.

• D'appui dans la résolution d'un litige.

Il est donc nécessaire que son organisation soit impeccable. Cette organisation se traduit par la constitution d'un dossier physique susceptible d'être mis à jour facilement soit par des ajouts de documents supplémentaires soit par suppression des anciennes versions (système de classeur par exemple).

La table des matières doit être détaillée afin de pouvoir naviguer facilement dans les différentes rubriques.

Le document doit comporter en bas de page : la date de dernière mise à jour, le numéro de version (V1 ; V2…), les numéros de page.

Le document final est souvent composé de nombreux documents électroniques qui ont été assemblés pour imprimer. L'organisation électronique doit être identique à l'organisation papier et doit être centralisée sous la responsabilité d'une seule personne qui gère les mises à jour.

Les documents qui ne sont pas utiles dans une lecture directe peuvent être mis en annexe du document principal. C'est un juste dosage à trouver car trop d'annexes obligent à naviguer sans cesse, trop de documents dans le cœur nuisent à l'essentiel.

Les annexes doivent être correctement référencées dans le cœur du document de façon à pouvoir naviguer sereinement.

Plusieurs niveaux de lecture

Les personnes susceptibles d'utiliser le document peuvent être très différentes à la fois en terme de compétence et à la fois en terme de niveau de décision.

Certains vont exploiter le document de manière légère, ils ont besoin d'aller à l'essentiel et cet essentiel doit pouvoir être trouvé rapidement. D'autres vont l'utiliser dans ses moindres détails comme un document de référence et de travail.

Pour que cela soit exploitable par tous et donc lu, ce qui est quand même l'objectif final, il faut proposer plusieurs niveaux de lecture.

Les trois niveaux de lecture sont :

• Des résumés du style «ce qu'il faut retenir» à la fin de chaque partie importante.

• Le corps du texte qui contient l'information synthétique mais complète.

• Les annexes qui contiennent de l'information détaillée.

L'identification des niveaux de lecture doit pouvoir être faite rapidement en diversifiant la forme et la feuille de style (police de caractère, couleur, enrichissement des polices…).

Le document doit être aéré pour pouvoir accéder à l'information facilement, il peut aussi être prévu par exemple au sein même du document des emplacements pour prendre des notes.

Une présentation attrayante

Le paquet fait partie de l'offre ! Un document que l'on n'a pas envie de lire présente des risques importants pour le projet.

En effet la couverture des besoins est directement dépendante bien sûr de la qualité de l'analyse, de la qualité du document mais aussi du temps passé pour exploiter ce même document. En conséquence la présentation peut être aussi importante que le contenu.

Il peut être utile de faire relire le document par un novice qui vous fera à coup sûr les bonnes remarques et si l'on part de l'adage que « tout ce qui peut être mal compris le sera » on comprendra que la plupart des erreurs de couverture du besoin viennent d'une mauvaise communication.

Quelques règles de présentation :

• Utilisez les puces et retraits.

• Évitez les phrases trop longues.

• Respectez la logique de présentation du début à la fin.

• Privilégiez un bon schéma à un long discours.

Enfin il peut être intéressant plutôt que d'envoyer le document final, de se déplacer pour le présenter aux différents destinataires. Vous pouvez même en appui réaliser un petit diaporama Power Point pour mettre l'accent sur les points principaux et réserver du temps pour répondre aux questions de ceux qui l'auront lu.

CONCLUSION GÉNÉRALE SUR L'ANALYSE DU BESOIN

L'analyse du besoin est un travail de longue haleine... Le plus dur est de tenir la distance tout en étant exhaustif, sans oublier l'essentiel, un véritable challenge.

Cette étape d'un projet constitue les fondations du reste de l'étude, on a tendance à la négliger car elle semble facile à réaliser. Cependant elle nécessite rigueur et méthode, ce qui ne rentre pas nécessairement dans le profil de toutes les personnes à qui on la confie.

Les 10 points à retenir

1. Choisir la démarche globale appropriée en fonction des contraintes de coût de temps et de résultat attendu.
2. Prendre en compte les avantages et les inconvénients de chaque démarche pour analyser les risques.
3. Respecter la logique de la démarche pour construire le document final.
4. Mettre en place un plan détaillé de tout le document en privilégiant la facilité de lecture, de mise à jour et d'utilisation.
5. Donner l'envie de lire le document en ne négligeant pas la forme et la présentation.
6. Prévoir un glossaire afin d'expliciter les termes qui pourraient être ambigus ou mal compris par les différents lecteurs.
7. Organiser les annexes en les référençant dans le document central.
8. Organiser le document en prévoyant des résumés à la fin de chaque grande partie.
9. Confier l'analyse du besoin à quelqu'un d'organisé et méticuleux au moins pour conduire le projet global.
10. Faire lire le document final à un novice pour s'assurer de sa compréhension dans ce qui a été rédigé.